「女性婚」を生きる

キプシギスの「女の知恵」を考える

小馬 徹 —— *Toru KOMMA*

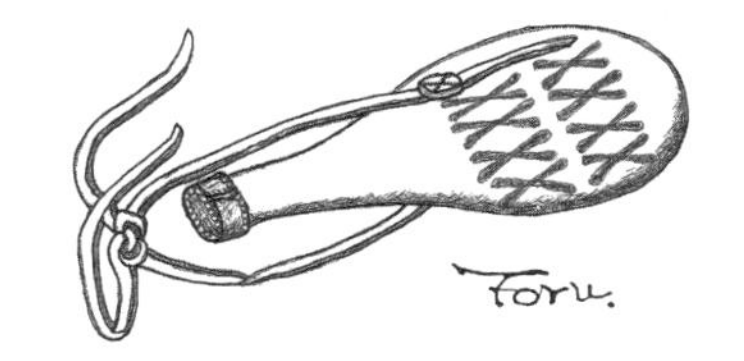

KU
神奈川大学出版会

《まえがき》

やっとの思いで避難センターに辿り着いた後続の被災者になけなしの食糧を進んで分け与える東日本大震災被災者の姿が、人間性の原点を差し示して、世界の人々の心を強く打った。人間とは、必要不可欠なものを即自的に自給自足するのではなく、必ず他者から得、他者に与え返す原理を刷り込まれた動物である。だから――誠に逆説的な事態でもあるのだが――先ず自分から与えなければ与えられないのだ。

＊

人間に通有の「近親婚の禁忌」（incest taboo）は、実は、生命を再生産できる妻を得るために自らの姉妹を与えよという根源的な命令なのだと、C・レヴィ＝ストロースは書いた。この普遍的な禁止が、家族・親族（交換の主体）と外婚制（家族間の女性交換）を導いて当事者相互の連帯意識を生み、ヒトを親族組織とその複合態としての共同体を作る特異な動物、すなわち人間に変えた。

＊

家族・親族の組織化は、起点を始祖に置く「出自」と、自己に置く「親族」の二つの原理に基づいていると、人類学はしてきた。親族は血族と姻族で成るのだが、姻族は同一家族内でもその範囲が個々人でずれ合っているがゆえに、実体というよりも、むしろ範疇と見るべきなのである――この認識を起点に、以下、本書の意義を解題してみよう。

意外にも、「利己的な遺伝子」説で一時期世界中を震撼させたダーウィン流の進化論者、または社会生物学者のR・ドーキンスが、親族概念に鋭く切り込んで論評したことがあった。その要旨をごく大雑把に示せば、次のようになろう。親族原理では誰もが八人の祖父母を持つ。すると、g世代遡った先祖の数は二のg乗になり、二千年（約八〇世代）では一兆の一兆倍にも達することになってしまう。それが現実でないのは、（第一、第二、第三、第四、……）cousin同士が結婚してきたからに他ならないのであり、この意味で全ての結婚は何時でも「イトコ同士の結婚」なのだ、と。

すると、近親婚の禁忌がヒトを人間に変えた（C・レヴィ＝ストロース）筈だが、実は人間は不断に近親婚を繰返していることになる。この驚愕すべき認識は、姻族ばかりか親族もまだ結局は範疇なのだと喝破するものなのである。（もっとも、C・レヴィ＝ストロースもこの事実に気づき、きちんと言及している。この点については、本書第一章を参照されたい。）

＊

キプシギス民族は、なんとこのドーキンス張りの天才振りを示していると言える。彼らの「女性婚」（woman marriage：女性同士の結婚）は、「男性／女性」の区分も実体よりもむしろ範疇だとする認識に立脚し、父親概念さえも相対化して、跡取り息子のいない女性の老後の福祉を長らく「女性婚」によって実現してきた。本書では、この興味の尽きない民族慣行の精細な報告とその分析を支柱として、「男の知恵」（*ng'omnotet*）に鋭く対立しつつ補完し合う「女の知恵」（*kimosgit*）の諸相を詳細に論じた。

つまり、本書は、南西ケニアの農牧民であるキプシギス民族の伝統的な慣行である「女性婚」等、「結婚」に類似する諸制度を核に、キプシギスの一見奇異なジェンダーの諸相を内側から記述・分析して彼らの文化に固有なその社会的な意味を掴み出している。

*

さて、ここで、相互に関連し合う七つの章のそれぞれの内容をごく手短に紹介してみよう。

第一章は、本書が対象化したようなトピックスが人類学の親族研究全体に持ち得る学術的な意味を、できるだけ広い視野を確保するように努めながら論じている。そして、(先に軽く触れておいたように)「親族」のみならず「婚姻」や「男女」もまた、実体であるよりもむしろ範疇なのであって、いわば無限に多様な分節の仕方が可能であることを理論的に丹念に論じた。こうして、以下の章の論理的な背景を大胆に用意する。

第二章は、強姦という、一見誠に衝撃的な、いわば「どぎつい」特殊事象に敢えて着目している。そして、その背景をなす諸事象の深い理解を拠り所にしてキプシギスの性文化の全体像を逆照射し、それを見通す一つの展望を切り開こうとした。

第三章は、一人の男性の妻たちが形作る「妻の家」(核家族)の複合体である「夫の家」(父系複婚家族)には非父系的な逆説が内在し、両者の境界面で「女の知恵」(*kimosgit*)が「男の知恵」(*ng'omnotet*)と対抗しつつ補完し合って、善悪の彼岸にある活力に富む両性関係を織り成すことを詳しく論じている。

第四章では、「女性婚」に類する一種の「幽霊婚」でもあるレヴィレート等の独特の制度を取り上げる。

また、その包括的な理解を背景として、女性婚の「夫」の地位にある、筆者のよく知っている二人の老女の生涯の浮沈を具に叙述し、その社会的な意味に考察を加えた。

第五章は、若い女性が女性婚の「妻」の地位を現代生活の土台として高く評価し始めた、近年の劇的な社会変化を分析する。すなわち、従来女性婚の「妻」は二重の妻身分にある者として、二重に服従的な地位に甘んじるべき者と考えられてきた。だが、「女性の進歩」運動の一地方の役員選挙で、或る「妻」がその「妻の家」の安定した経済基盤を確保している事実を高く評価されて重要な役職を得るという、刮目すべき事態が生起したのだ。この事例等に基づいて、開発人類学に再考を求める。

第六章は、シングル・マザーが、娘に息子と同等な相続権を認めた二〇一〇年ケニア新憲法をどう受容して、その公布前後の時期にどう行動したか、また二〇一〇年新憲法がもたらした男女平等の実現の可能性についてどのような見解を抱いているか、諸事例を挙げて分析を加え、今後を展望している。

最後の第七章は、アフリカやケニアがＬＧＢＴ問題に近年どう対処したかを様々な時事的な出来事を踏まえて論じ、且つこの問題の特殊アフリカ的な事情の根源に植民地時代の宗教支配の影があることを示した。また、父系制の代補的制度であるキプシギス民族（等、東アフリカの幾つかの民族）の「女性婚」等の制度が内包する問題と、誤解されがちなＬＧＢＴ問題との次元や質の違いも大局的に解析している。

＊

本書は、以上のように、南西ケニアに住む南ナイル語系の農牧民であるキプシギス民族のジェンダーや性生活、就中、「女性婚」（を初めとする、父系制を代補する類似の制度）について、その学術的に特筆に値する側面に集中的に光を当てた。

なお、その構想は、一九七九年七月から一九八〇年三月までの第一次以来、三十九年間、筆者が三十八次にわたって実施してきた社会人類学の参与観察手法によるフィールドワークで蓄積した第一次資料に基づいて立てられたものである。そして、この特質において、本書は、昨年度神奈川大学出版助成により刊行した『「統治者なき社会」と統治』と深く呼応し合っている。

それゆえに、本書の刊行は、両書相俟って筆者の長年の研究成果を重層的に世に問ううえで相乗的な意義をもつ。筆者のように長期にわたって同一民族の暮らしを一貫して愚直に参与観察し続け、長期にわたる歴史的な変化の諸相を絶えず忠実に追いつつその社会と文化を内側から見通そうとした研究は、寡聞にして必ずしも多くを知らない。この意味でも、本書が人類学や（アフリカ）地域研究に幾分なりとも裨益するものと信じている。

《参考文献》

小馬　徹（二〇一七）『「統治者なき社会」と統治――キプシギス民族の近代と前近代を中心に』神奈川大学出版会。
ドーキンス、リチャード（一九九五）『遺伝子の川』（垂水雄二訳）草思社。
レヴィ＝ストロース、C.（二〇〇〇）『親族の基本構造』（福井和美訳）青土社。

「女性婚」を生きる——キプシギスの「女の知恵」考

《目　次》

第一章　性と「人間」という論理の彼岸

はじめに

種としてのヒトが何であるか、ヒトのゲノムが読み解かれた今、疑問を差し挟む余地は大きくないであろう。一方、人間とは何かとなると、案に相違して、事はそれほど自明ではない。現今世界システムとしての資本主義が強引に推し進めているグローバリゼーションを基礎付けているのは、「人間中心主義」(humanism)である。しかし、その「人間」に日本人が含まれるのかどうかは実は微妙だという声も一部にはあるのだ。[1] まず、この厳然たる事実に注意を促しておきたい。

端的に言えば、小論の目的は、ヒトは実体であっても人間とは観念だとする視点から、人間という観念を成り立たせている論理を探って明らかにし、そのあり方を再検討することである。

人間の概念の内包を明らかにする一つの方法として、逆に、非人間的だとされる諸行為の意味を考えるというアプローチがあろう。二〇〇一年四月に「近親性交とその禁忌」と題して、日本人類学会進化人類学分科会の第五回シンポジウムが開かれたが、そこでもこのアプローチが採用された。

課題は、人間の性行為の内、近親婚も含めた近親性交、同性愛、異種間性交などの諸側面がなぜ禁忌の対象となってきたのかを自然人類学と社会＝文化人類学の双方から解明することであった。本章は、コメンテーターの一人として参加し、同シンポジウムで展開された議論、殊に出口顕の報告に触発されて草したものである。

一　性としての「人間」

出口は、インセスト・タブーとそれが（結果として）実施を命じる婚姻（女性の交換）に関する問題を取り上げて、「インセストとしての婚姻」という刺激的で、且つ逆説的な論題のもとに、レヴィ＝ストロースの見解に踏み込んで検討を加えた。

1　接合し、且つ分節する結婚

レヴィ＝ストロースの縁組＝連帯理論の骨子は、次のようなものである。ヒトが人間になるに当たってインセスト・タブーを根源的な禁止として自らに課した結果、群の男たちは自分らの姉妹や娘たちを性的な対象とすることを諦めて、群の外へ送り出さなければならなくなった。この仕組みは、男たちが逆に伴侶を群の外側から迎え入れることを同時に要請する。こうして成立した女性の交換制度が結婚だが、それによって交換の主体たる「我々」とその相手たる「彼ら」とが同時に分節された。そして、明確な輪郭をもつ集団である家族と、（結婚を通じて連帯する家族群が構成する）共同体とが初めて創り出されたのである。

彼は、このタブー理論を交差イトコ婚の理論と組み合わせて論じている（レヴィ＝ストロース二〇〇〇）。それによると、母方交差イトコ婚（maternal cross cousin marriage）、すなわち、起点としての「自己」を男性とした母の兄弟の娘（以下、ＭＢＤと表記）との結婚は、始祖を異にする二つの父兄集団の間で行われて、血族と姻族の範囲を明示的に分節するという意味で、親族分類法の「基本構造」と呼べる。他方、父方平行イトコ婚（paternal parallel marriage）、すなわち男性が父の兄弟の娘（以下、ＦＢＤと表記）とする結婚は、母方交差イトコ婚とは異なり、血族と姻族の範囲を、言い換えれば好ましい結婚相手の範囲を半自動的に決定することはない。というのは、それが始祖を共にする同一父兄集団の内部で行われるからである。したがって、父方平行イトコ婚は、経済や心理など、他の何らかの要因によって結婚相手を自由に選択する「複合構造」に属することになる。

さて出口は、アラブなどの父系社会に見られるこうした父方平行イトコ婚が、異なる親族集団の間での女性の交換を理論的な前提とする縁組＝連帯理論の「躓きの石」になるのではないかという、社会＝文化人類学者の一部に見られる疑念の検討を手始めにして、興味深い議論を展開した。そして出口は、そうした考え方は基本構造の説明が複合構造には当てはまらないと主張するものであって、不適切だと批判する。ただし、レヴィ＝ストロースがインセスト・タブーは普遍的だと言っている以上、基本構造と複合構造の違いは暫く保留して、彼の主張が父方平行イトコ婚にも妥当するかどうか、もう一歩立ち入って検討してみる価値があると述べた。

出口によると、先の疑念は、レヴィ＝ストロースの親族理論が主に族外婚姻（exogamy）を取り扱っているものだと見る誤解に起因している。[2] しかし、レヴィ＝ストロースが論じたのは、インセスト・タブーの特定のあり方がそのあり方に応じてその都度自他を分節するのであって、逆に既に元からある自他関係がインセスト・タブーの特定のあり方を規定するのではない、ということなのだ。

これを母方交差イトコ婚に則して考えてみよう。ＭＢＤとＦＢＤは、生物学的な関係の遠近を測る親等のうえでは等距離にある。しかし、ＦＢＤが姉妹と同一視されて血族（身内）となるのに対して、ＭＢＤは親族とは認知されても身内である姉妹とは見做されない。つまり、インセスト・タブーという「結婚の命令」（女性の交換の命令）が、系譜的に繋がりがある（と言える）人々である親族を血族（身内）と姻族（余所者）として、自他に切り分けるのである。そうであれば、母方交差イトコ婚（基本構造）と父方平行イトコ婚（複合構造の一つ）との間の違いは、インセスト・タブーによる自他の分節化の水準の違いに見られるに過ぎないと言えるだろう。

ただし、父方と母方の系譜を辿って水準の異なる分節化が或る個人に二重の焦点を結ぶ場合には、その個人の集団的自他関係に二律背反が持ち込まれるように見えることが少なくない。だが、どの共同体も、当人が精神分裂に陥ることのない二者択一的な論理でそれを解消しているのである。

そして出口は、父方母方双方へと親戚（kindred）のネットワークを拡げることに大きな価値を置くマダガスカル島のヴェズ人を研究した、アストゥティの研究を参照して、次のように考える。ヴェズ人がそう信じているように、人間全体が壮大な家族であるとも言える。もしそうであれば、結婚は「異なった人々」の間では決して起こり得ないということになる。むしろ、（族）外婚が成り立つ前提となる必要な差異を創り出して人々を分節する仕組みが、結婚なのだ。ヴェズ人の事例は、レヴィ＝ストロース（二〇〇〇）が、どんな結婚も（少なくとも社会的な）インセストであると述べたことの意味を、具体的に理解させて

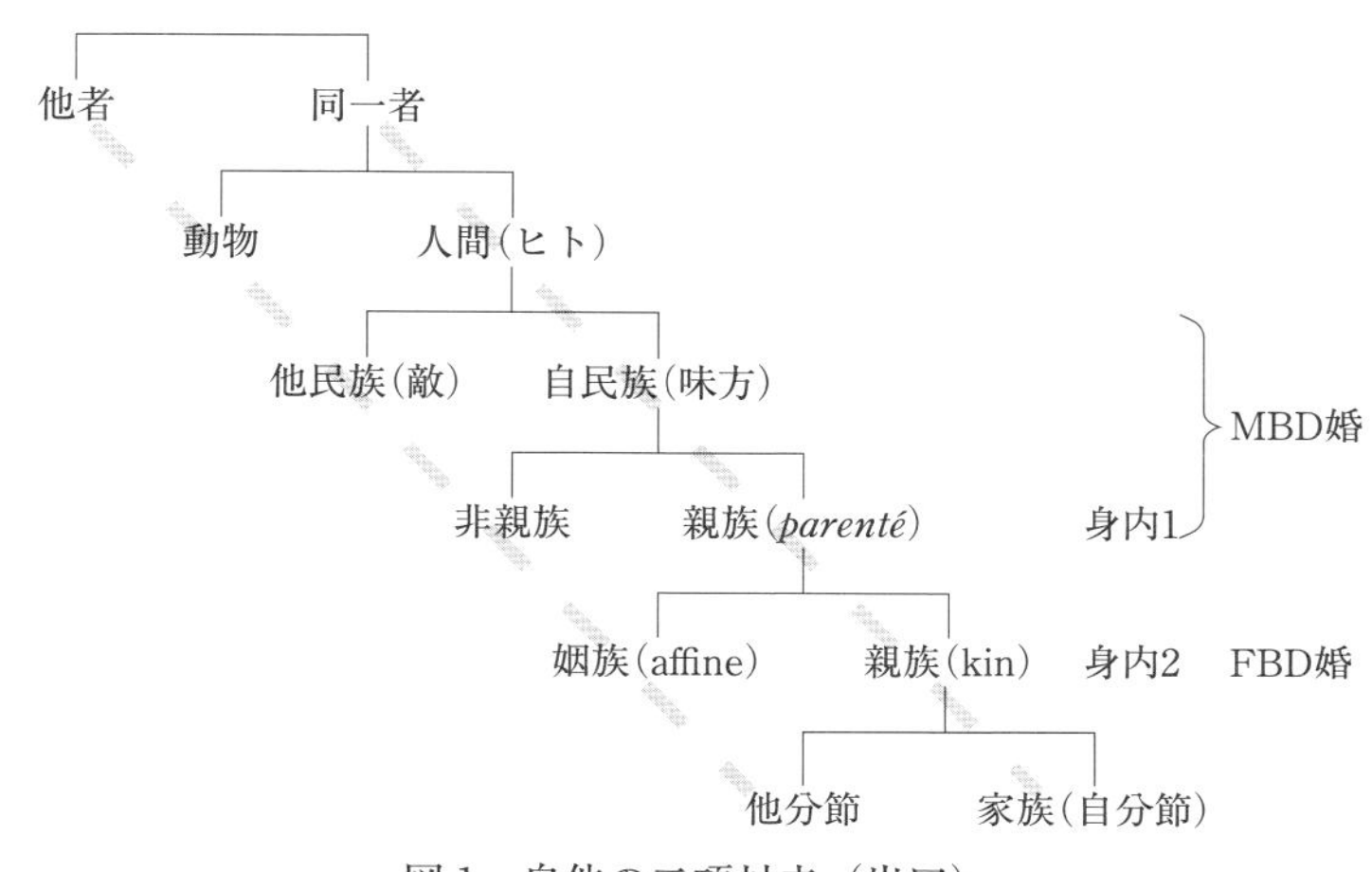

図１　自他の二項対立（出口）

くれる好例となっている。

このようにレヴィ＝ストロースの理論を読み解いた出口は、次に自他（同一者／他者）の二項対立（による象徴的二元論）の「宿約」、つまり細分化の果てし無い連鎖の図式（図１）を掲げて、内容を具体的に論じた。それによれば、自他の基礎的な分節は「非親族／親族（*parenté*）〔身内１〕」にある――母方交差イトコ婚の水準。この身内1は、第一には「姻族（affine）／親族（kin）〔身内２〕」に宿約される――父方平行イトコ婚の水準。さらに身内2は、親族集団内の「他分節／家族（自分節）」へと宿約されるのである。

一方、この図式を反対方向へ辿ることもできる。先ず、非親族と親族（*parenté*）を自民族として同一視して、「他民族（敵）／自民族（味方）」という二項対立を導くことができるだろう。さらにその先には、他民族と自民族を人間として同一視して、「動物／人間（ヒト）」という二項対立を想定することが可能である。

さて、もうとっくに明らかな通り、議論はここで親族論からトーテミズム論へと領域を拡大しつつ移行している。先に触れたように、レヴィ＝ストロースは、人間共同体の内部ではどんな結婚もインセストであると言い、それを「真の内婚」と言い換えてもいる。この考え方は、裏返せば、人間が人間共同体の外部の者とも結婚できる可能性を大胆に想定するものであるはずだ。それは取りも直さず、様々な人間集団の世界観が多様に定義され、「人間」の観念もそれに応じて、生物学的な人間共同体（ヒト）の枠組みを越えて拡がり得ることを含意している、と言えるだろう。

トーテミズムという思考は、先ず原体系としての動（植）物の全体的な相関関係を想定して、次にそれに重ね合わせて人間集団間の関係全体を分類し、両体系が相照応しつつ統合されている全体として世界を理解しようとするものでもある。だから、動（植）物は人間の始祖であり、一方では同氏族員や結婚相手でもあり得ることになる。トーテミズムとは、まさに人間観にこうしたほとんど際限のない自由さを与える思考法なのである。[3] そして、ここで最も重要なのは、精神分裂状態に陥らせないで済むように、二律背反的な集団的自己規定から個人を柔軟に救い出すヴェズ人の親族理論に、それが直に繋がっていることである。それらは、いずれも、集団の閉鎖性を打開して乗り越えようとする、「人間」の論理なのだ。親族論の立場からは、トーテミズムの最も重要な機能をここに見出すことができるだろう。

出口の報告は、このようにして、ヒトならぬ「人間」とは実体というよりはむしろ観念であって、ほとんど無際限に自由な内容規定の拡大へと論理的に開かれていることを明らかにしたのである。

2　縮約の論理

出口の報告を右のように理解した場合、最初の図式（図1）はさらにそれを縮約することも、また逆の

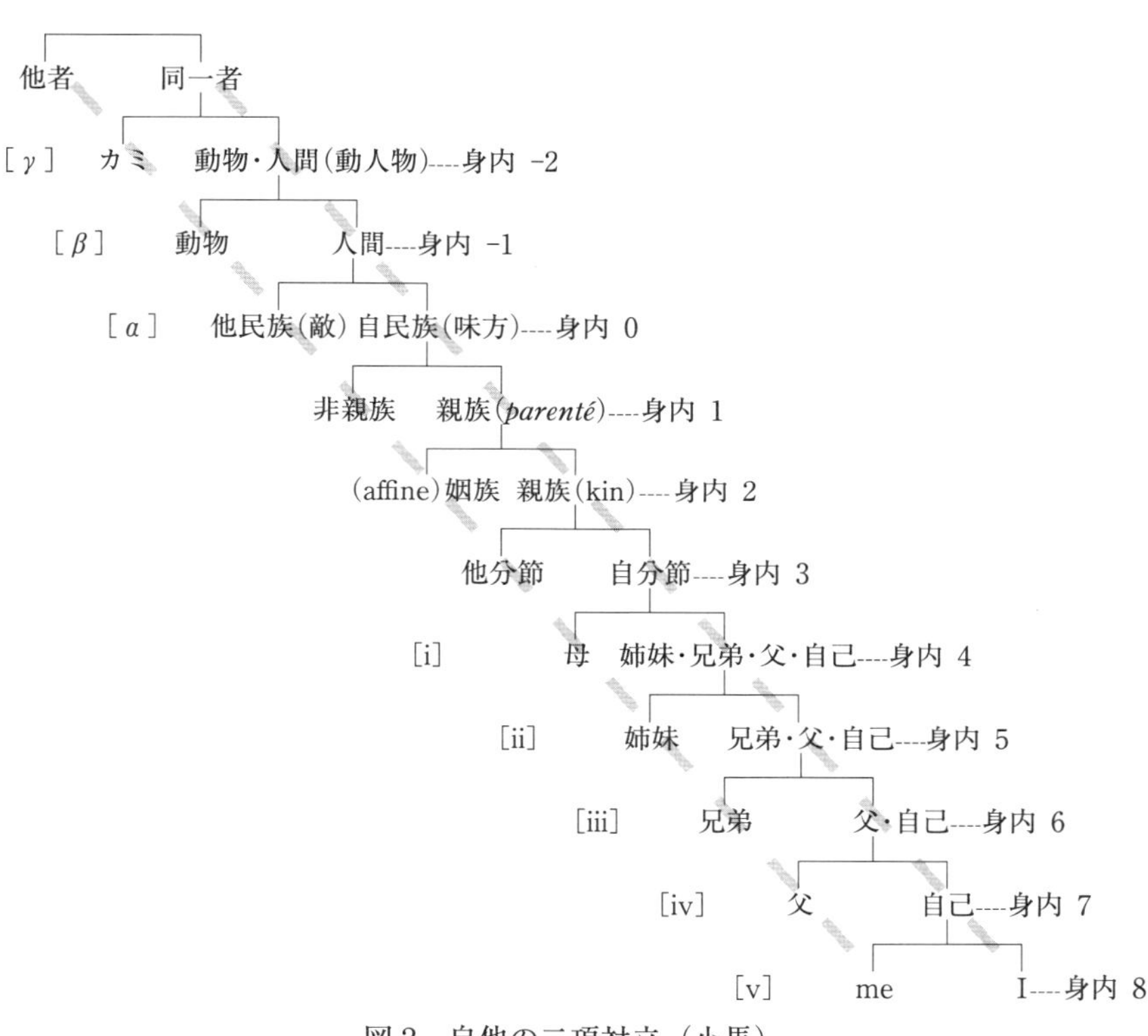

図2　自他の二項対立（小馬）

端へ延長することも当然可能なのではないか。端的に言えば、筆者のコメントの核心がそこにある。

先ず、縮約から始めてみよう（図2参照）。家族（自分節）を身内3と名付ければ、身内3は［i］「母／姉妹・兄弟・父・自己（身内4）」へと、身内4は［ii］「姉妹／兄弟・父・自己（身内5）」へ、身内5は［iii］「兄弟／父・自己（身内6）」へ、身内6は［iv］「父／自己（身内7）」へと縮約できるだろう。くわえて、身内7は［v］「客体としての自己（me）／主体としての自己（I）（身内8）」へと縮約できるかも知れない。そして、［i］と［ii］は不毛ではないが、一般には禁じられたインセストの、そして［iii］と［iv］は同性愛（ゲイ）、［v］は「オナニズム」[4]という不毛の性の水準を示している。

しかし、既に明らかなように、インセスト・タブーが仮に人間に普遍的なものであっても、どの水準にそれを設定し、具体的にどう内容を規定するかは、諸集団の置かれた具体的な状況と判断に応じて多様なのである。したがって、きわめて多くの場合にインセスト・タブーの対象となっている［ii］の水準にタブーを設定せず、むしろここ（まで）を（望ましい）結婚の水準として認知し、設定することも、論理的には不可能ではない。

事実、シンポジウムでは青木健一が、ローマ帝国支配期のエジプトでは同母姉妹との結婚がそれなりの確率で行われていたことを、シャイデルの説を引用して報告した。青木はまたホプキンスを引いて、「同じ父母を持つ妹なるわが妻」と記された記録がある事実を補足している。[5]

青木によると、鳥類でも哺乳類でも兄妹交配に伴う近親劣勢（inbreeding depression）は、ごく早い時期に交配を始めることによって繁殖率を高めることができるという、別の利点によってかなり上手く補償されている。しかも、この点では人間の場合でも同じであることを、青木は先に触れた古代エジプト人の資料を例証として論じた。

しかし、兄妹婚の可能性を必ずしも繁殖戦略に還元して論じる必要はない。生物学的にそれが不毛の性ではない以上、実際に家族を作る結婚として社会的に認知され得ることは、先に挙げた縮約の論理で十分に説明がつくからだ。一見、青木が提示した古代エジプトの資料は、「王族の近親婚」（royal incest）という人類学の古い仮説の適用範囲を幾分見直すことを要請するようにも見える。とは言え、古代エジプトの場合も、父方平行イトコ婚と同様に、経済や心理などの別の要因による何らかの任意の配偶者選択に基礎を置く「複合構造」の一つと考えることで、ちゃんと説明できそうだ。すなわち、近親婚によって親族の範囲が狭く鎖されることが不利益に繋がらないのは、圧倒的な権力や膨大な財産を独占する者たちの特別の場合である。それには、貴族や商人なども含まれる。「王族の近親婚」という仮説は、こうした状況の極点に王権を位置付け、その論理を原理的に純化して強調したものと考えられるだろう[(6)]。

一方、同様に不毛の性ではないとは言え、[.i]の水準での他者との結婚(母子婚)を許す事例は知られていない。母との関係については、古代ギリシアのテーバイ市の始祖神話であるオイディプス王の物語が、母子婚の可能性を逆説的な形で指し示していると述べるに止めておきたい[(7)]。

次に、[.iii]、[.iv]の水準に移ろう。それらは不毛の性であるがゆえに、性関係は、生にではなく、むしろ死に親和する。したがって、それらの各対の二項間の愛憎関係は、結局殺戮の物語として表現されることになるだろう。例えば、オイディプスの悲劇的な運命は、元来、彼の父親であるライオスの若き日の(コリントスでの)同性愛に向けられた、神の呪いに端を発していた。やがれ、アポロンの神託によって自分の運命を知ったオイディプスは、その運命を逃れようと試みた結果、それとは気付くことなくライオスを殺す出会いを逆説的に実現させてしまう。さらに、当時テーバイ市を苦しめていたスフィンクスを退治して英雄として同市に迎え入れられ、同市の法律に則って、前王(父親ライオス)の妻(オイディプスの母親であるイオカステ)を自らの妻とした——[.iv]の水準。つまりこれは、それゆえに、これは個人の意志を超越した構造的な力の物語なのである。「運命」とは、その構造的な力の表象のことだ。

さらに、オイディプスの息子たちであるポリュネイケスとエテオクレースは、テーバイ市の支配を巡って相争い、刺し違えて果てることになる。外婚制では家族の自助、裏返せば家族間の血讐(暴力の互酬交換）は、結婚（女性の互酬交換）と同じく、共同体の秩序を守るための厳格な規範である。ただし、それは「自然な」「人情」などではなく、人間に対する「構造」の命令なのだ――ニーダムが論じた通り、感情は構造に枠付けられて、結果としてそこから生まれてくる（ニーダム　一九七七）。そして、家族内での結婚は、逆に家族内での血讐と、その「自己消費」的な性格のゆえに、構造的に同一となる。言い換えれば、姉妹との近親婚は兄弟殺しと同値の表現となる。オイディプス物語には、この表裏両面が統一的に描き込まれているのだ。

最後に、［v］の水準を代表するのが、ギリシア神話のナルキッソスであり、旧約聖書のオナンだと言えるだろう。

3　異類婚・半神・イエス

さて今度は、図2の反対の端に目を移すと、出口が示している通り、動物と人間（他者同士）は両者の共通の他者となり得る何者かを前提にする時に、その何者かに対して同一者〔身内-2〕となり得る――［γ］。まさしく、これがトーテミズムの分節水準であり、その水準では動物と人間の結婚も論理的に可能になる。こうして、日本を初め、世界各地で無数の異類婚姻譚が育まれ、物語られてきた。しかしながら、人々の現実の日常の生においては、両者の性関係は獣姦という不毛の性でしかあり得ない。人々がそれもまた多重な現実の一つとして矛盾なく受け止めていたのは、当然である。

実は、図1を次のように、さらに先へと延長することができる。右に述べた同一者としての動物と人間（身内-2として「動人物」とでも呼ぼうか）に対置されると、今度はカミと「動人物」との異種間性交や結婚が可能になる――この水準での同一者として。ギリシア神話は、女神たちばかりか、人間の女性（や若者）もかどわかして止まない神々が群れ騒ぐ、放蕩な饗宴の舞台に他なるまい。ギリシア神話の英雄とは、カミと人間の間に生まれた半神たち（demigods）であった。

しかし、カミが生んだのは英雄たちだけではなかった。牧神やサチュロスのように、半身がカミ（＝人間）で半身が獣という存在や、ライオンと鷲と人間とのキメラであるスフィンクスもまた、英雄たちの同類、つまり「半神」なのである。

フレーザー（Frazer 1922）によれば、イタリアのネミにある聖なる森の司祭である「森の王」は、女神ディアナの配偶者だった。また、ネパールのクマリや伊勢・加茂の斎宮など、処女なる巫女とは、本来カミの妻である。そして、キリスト教の修道女（sister）は、カミとの霊的な合一を一心に希求し、そのようなひたすらな精神活動に秘やかなエクスタシーさえも見出す女性なのである。無論、「人間」としての彼女たちの存在は、決して観念だけに止まらず、紛れもない事実としてあるのだが。

処女降誕の結果地上に生きたイエスもまた、同一者としてのカミと人間の結婚によって生み成された者であった。ただ、キリスト教の信仰において、イエスの降誕はカミと人間のたった一回限りの合一の実現の表象であった。現実の生活では、修道女とカミの合一は、結局は不毛の生でしかなく、第二のイエスを産み成してはいない。それゆえに、カミと人間の合一は、生ではなく、死に親和する。他でもなく、イエスは人間の救済のために犠牲となり、磔刑によって死すべき使命を担って降誕したのである。

しかしながら、神の受肉による人間の救済という思想こそが――ヴェーバーの述べた通り、因果連鎖による「予期せぬ結果」としてではあるが――今日の荒々しい（つまり「負い目なき」）資本主義を導き出して成立させたのだった。その産業資本主義、或いは金融資本主義が、今度は近代の支配的な人間観に決定的な影響力を揮っていることは、ここであらためて述べるまでもない。

この意味において、出口や本章の議論は決して空疎な観念論と見做されるべきではあるまい。現実を作り出すのは、決して現実ばかりではない。観念それ自体もまた状況の意味を定義して新たな現実を作り出すものとして、先行する現実に劣らず、或いはそれ以上に、一つの確かな「現実」なのである。人間とは、人間という観念を生きて歴史を作り出してきた者たちのことなのだ。

4 「人間」と不毛の性

以上の仕方で、図1を両端方向へさらに延長した図2を、ここであらためて眺めてみよう。すると、この図の性行為が可能な範囲が「人間」という観念の及ぶ領域だ、ということができる。ただし、現実に可能ではあっても実際には禁じられた性の範囲が、図の両端とその近傍に位置している。この領域に足を踏み入れた者は、社会によって「非人間」と名指されるだろう。すると、可能性としての人間（つまり「非人間」）の範囲と、家族を生み出す人間の範囲という、二つの「人間」の水準が設定されていることになる。そして、両者の分節のあり方は、各々の社会がそれぞれ特殊的に決定する。ただし、その一般的な傾向は既に明らかだ。図2の中央辺りに位置する部分、つまり現実生活で不毛の性とならない部分が、後者の意味での「人間」の領域に指定されているのである。しかも、この（結婚という制度によって管理される）「生殖としての性」の領域からは、各社会が近親婚に指定している部分が排除されている。

言い換えれば、人間社会は、多型的であり得る性行為の内から、近親婚（と定義した部分）を除外した生殖の営みだけを結婚という制度によって合法化して、家族・共同体の組織化と維持に利用してきたのだ。こうして性は厳しく管理され、統制され、抑圧された。しかし、性現象は抑えようもなくそこから外へと溢れ出る力を宿す。そして、社会の構造原理であると共にその破壊要因ともなるという性の社会的な両義性が、ここに胚胎することになるのである。

さて、シンポジウムのオーガナイザー川田順造は、基調報告で、「近親性交が穢れた行為として忌避される一方で、始祖神話には母子・兄妹などの近親性交はしばしば語られている」事実を指摘して、その「穢視／聖化の両義性をどう考えるべきか」と問い掛けた。本章は、既にこの問に答えていると思う。だが、ここで敢えてもう一歩踏み込んで考えを進めてみよう。

先に「可能な人間」と「家族を生み出す人間」の二つの人間の水準が認知されていると述べた。今あらためて、前者を「非人間」、後者を「人間」と名付けて整理しておきたい（図3）。

「非人間」は、共同体を成立させている根源的な規則を犯し、破壊的な衝撃を与える。穢れとは、実体である以上に、秩序が混乱する感覚の表象である――単純過ぎてやや不適切だが、衣服についたジャムを想像して欲しい。ただし、「非人間」は、災厄をもたらす不吉な者に止まるわけではない。その行為は、乱された元の秩序をまざまざと写し出す鏡ともなって、根源的な規範を人々に強く想起させ、再確認させることにもなる。この意味で、「非人間」は聖なる者、つまり正統性を与える権威ともなり得るのである。しかも、彼らが促すのは、決して単純な始原の反復であるとは限らない。それは、新たな秩序を再創造する契機ともなり得よう。こうして、時として「非人間」は、制度の始原に置き直され、

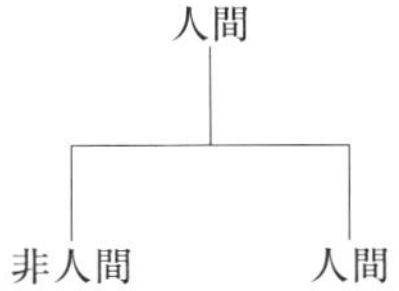

人間
非人間　人間

図3　人間の二つの水準

始祖として表象されてきたのだと言える。

また、現実のインセスト・タブーとは異なる水準での結婚のタブーの侵犯となる異類婚も、同様に反社会性を帯びて、両義的な聖なる力を生み出す。安倍保名と和泉国の信田の森に棲む雌狐である葛の葉の間に生まれたとされる歴史上の人物安倍晴明は、任官して従四位下まで昇った、陰陽師の我が国における草分け的な存在であった。ここに、歴史の中へと溶け入っているトーテム思想の好例がある。いわば、現実がイメージを模倣するのだ。

ちなみに、「聖なるもの」の理論を生み出したのは、ヨーロッパだった。その諸言語の語源となったラテン語の *sacer* が「清浄／汚穢」を同時に意味する両義的な語であったことは、決して偶然ではあるまい。

5　性と「生／死」

「人間ならざる者」とされた者は、しかし、多くの場合そのまま聖なる者となるのではなく、自らの死を契機として聖性を獲得する。実の息子であるオイディプスの妻となったイオカステは、(ソフォクレスの『オイディプス王』では) 自ら縊れて命を終えた。そして、オイディプスは、我と我が目を抉り、テーバイ市の外へと追放されて、放浪の中で果てた。それは、(表象としての) 死を生きることであった。近親婚は、実際には家族を作り得る生殖を可能にするがゆえに、不毛の性には属さない。しかし、当事者が死すべき者とされることによって、その可能な生殖としての性は、不毛の性へと制度的に排除され、それに統合されるのである。沖縄のオナリ神も兄妹婚で始祖となりながら、身を恥じて自死した女性として形象化されているのは、それゆえだと考えられるだろう——ただし、不婚 (不毛) の女性についての王権の論理は別にある（小馬　二〇〇二）。

インセストを犯した男女の内で、常に女性が死すべき者（「非人間」）となるのは、生命を再生産できる者が女性だから、つまり女性が性の原理を代表する存在だからに他なるまい。一方、男性は「死を生きる」ことによって死を引き受ける——オイディプスのように。それは、歴史上何時でも何処でも常に男が「同一者」（身内）を守って戦い、命を賭けて殺し合う役割を担う者だったからでる。この意味で、男性という性には、「同一者」である「人間」のために（往々大量に）消費される性として、どこか「非人間」の属性が刻印されている——例えば、殺し合うことを予定されていると言える男性は、女性よりも五パーセント程多く生まれ、女性よりも数年早く命を終えるのである。

どの社会でも女性の同性愛が強く抑圧されたのに対して、古代ギリシアのスパルタ、前近代の日本など、男性の同性愛については寛大であるばかりでなく、逆にそれを（時には制度化さえもして）称揚する社会が決して少なくなかったのである。生命を再生産するべき性である女性が不毛の性である同性愛へと向かうことは、社会の死を意味しよう。ところが、自らは直接生命を再生産しない性[8]、いわば「不毛の性」を代表する男性が不毛の性行為である同性愛に向かう時、それは逆に社会の生も志向し得るものとなるのである。それは、死を賭けて戦う男性の力には、死に至る高揚としての同性愛によって強く賦活され、協同化されて担保されるという一面が見られるからである[9]。そのゆえにこそ、男性の同性愛が聖なるものとして規範化される場合さえ見られたのだと言えるだろう[10]。この場合、同性愛は、結婚が同一者の内部に新たな他者を創り出す仕組みであったのとは裏腹に、同一者の同一性を高めるための文化装置であったことになる。

インセストとしての兄妹婚や母子婚にせよ、同性愛にせよ、それがエロティシズムの極点となるのは、このようにして死と隣り合っているからである。恐らく、それは次の理由による。絶対他者である二人の人間は、相互に他者に向かって溢れ出し、且つ相手が自己に向かって溢れ出してくる性交の体験においてのみ感性的に合一し、同一者になり得るのだが、しかしその絶頂は儚い瞬間であるに過ぎない。ところが、死は、永遠の同一性の中へと、やがて全ての生を一つの例外もなく回収し尽くす。それゆえに、性交という同一性の絶頂の瞬間は、一面において死という同一性の永遠を夢見、それを強く志向することになるのだ。

すると、ここでもまた性交と結婚のパラドックスが浮かび上がってくる。レヴィ＝ストロースの言う「インセストとしての結婚」は、同一性を前提として、そこに他者性を創り出すものであった。一方、性交は他者性を前提とし、そこに同一性を創り出す営みなのである。かくして、結婚は性愛を裏切り、囲い込んで管理し、統制して利用するのだが、不毛の性は性愛を結婚（と生殖）から解放し、死に向かって不断に高揚しようと欲し続けることになるのである。

二 「人間」を超えて

連帯＝縁組理論など、レヴィ＝ストロースの構造主義は、構造を人間（の主体性や理性）に優先させる反人間主義だという批判を再三再四浴び続けてきた。しかし、その反面、彼の理論を含めて、社会＝文化人類学全体が人間中心主義だとして、霊長類学の激しい反発を被ってもいる。[11] それは、社会＝文化人類学全体が人間と他の動物との間に深い断絶を見てきたからである。

1　人間中心主義批判の逆説

霊長類学の近年の目ざましい成果は、人間と類人猿との間に横たわると従来考えられてきた幾条かの溝を一本一本丹念に埋めていった結果として得られたものだった。道具使用という溝は、チンパンジーの「釣り棒・紐文化」、「掘り棒文化」、「叩き割り文化」の発見で、比較的うまく説得的に埋められたと言えるかも知れない。しかし、インセスト・タブー、家族、言語の溝は、そう単純に解決を見るとは思えない。

霊長類学は、サル（monkey）や類人猿（［anthropoid］ape）では、どちらかの性の一方、または双方の性の個体が成熟期に集団を離れて移籍を繰り返すこと（mate out）と、集団内に留まりながらも近親との性交を回避すること（mating avoidance）の二つによって、インセストの回避（incest avoidance）が図られていることを明らかにした。しかしながら、それらの現象は、前節で詳しく述べた人間のインセスト・タブーと比較してみると、本能的で、自動的で、いかにも単純である。なぜなら、それは人間のように複雑で多義的な表象行為を組み込んではいないのだから。

表象行為は、大きく人間の言語能力の所産である。だから、霊長類学が類人猿の言語能力を実証する戦略を採ろうとしたことはよく理解できる。言葉を話させる訓練は、類人猿にそのための身体装置（音声を細かく分節できる口や喉の構造）が備わっていないことが判って挫折した。それに変わってアメスラン（米国の言語障害者の手話）を教える実験の結果が、類人猿の高い言語能力を証明したように思われたこともあった。しかし、アメスランには、例えば自分の身体を差して「私」を意味するなど、画像的な性格も見られ、表象性が低いという固有の問題があった。そこで、意味される内容を直接連想させない抽象的な記号を書き付けた、プラスチックの札を組み合わせて文章を作らせる実験が行われ、今度は類人猿の表象能力の高さが見事に実証されたのであった。

この方向での研究で目を瞠るような成功を収めたのが、スー・サベージ＝ランボーの実験だった。雄のボノボである幼いカンジ（Kanzi）は、サベージ＝ランボーが彼の母親であるマタータ（Matata）にプラスチック板を使った言語コミュニケーションの訓練をしている間、その傍らにいた。そして、何も教えられないまま、英語の音声を丸ごと聞き分けるようになり、その後、千語ほどからなる文字板を使って、かなり自在に自分の意思を伝えることもできるようになったのである。目を瞠る進歩と言えよう。

しかしながら、これは誠に奇妙な実験ではあるまいか。と言うのも、その見事な結果は、野性のボノボの内面生活やコミュニケーションの仕組みを何も明らかにしてはいないからである。また、類人猿が言語や文字を発明したことを全く意味してもいない。逆に、カンジは英語を理解するようになった結果として、英語によって形作られる新たな内面、それまでどの類人猿も獲得することのなかった人間的な精神の世界を獲得したのだ。サベージ＝ランボー等の実験が明らかにしたのは、単に、類人猿には人間になる（飽くまでも抽象的な）可能性があるということに過ぎない。これを前節の脈絡に置いてみれば、女性の交換（結婚）の代わりにメッセージの交換（言語）によって彼らを同一者（人間）に変え、残余の動物たちに対置したということになる。とすれば、その実験は、科学の顔をしたトーテミズム的思考法を実体化しようとする試みに他ならないとも言える。カンジは、進化したボノボの姿を進化の闇の中から忽然と現したのではなく、いわば科学的トーテミズムによって「人間」化させられたのである。

ここに明らかになるのは、不可解な逆説である。社会＝文化人類学の人間中心主義を痛烈に批判して、ヒトを自然史の中に位置付けようとする努力を続けてきた霊長類学。それが、ヒトと霊長類との間の溝を埋めることに熱心な余り、そうとは自覚しないまま、何時の間にか類人猿を「人間」に変換してしまっていたのである。一体、これに優る人間中心主義が他にあり得るだろうか。

霊長類学がこうした重大な背理を省みる姿勢を見せようとしないのは、ヒトを生物進化の頂点に置いて疑わず、類人猿が人間性（humanity）以外の形で別の深い内面性を築き得る可能性を仮にももっているとは、恐らく思っても見ないからであろう。人間を頂点に置く単系的な進化の思想は、まさしく妥協なき人間中心主義そのものではないのか。

2　ボノボの「もう一つの内面性」

筆者が（素人であることを省みずに敢えて）ここで述べたいのは、端的に言えば、霊長類学が自然史におけるボノボの位置付けを大きく間違えてきたのではないかということなのだ。ボノボは、「人間に最も近い類人猿」（榎本　一九九七）ではなく、むしろ「人間に最も遠い類人猿」なのだと、筆者は主張したい。人間性へと向かう進化の途上にあってヒトに接近しているのではなく、もう一つの深くて豊かな内面とそれによる生とを構成し得た唯一の類人猿。それがボノボなのだと信じる。

チンパンジー属の二種は、共に複雄複雌集団を作り、乱交的な性交渉をするが、その生のあり方は鋭い対照を成している。チンパンジーの雄の間には厳格な順位制と上下関係があり、第一位の雄（α雄）は、頻繁な威嚇行動を行って、絶えず群の他の雄に対する締めつけを図る。チンパンジーは、肉食を好み、群で盛んにサルなどの狩りをし、縄張りをめぐる群同士の争いは熾烈を極める。一方、ボノボの雄の間の順位関係は曖昧で、性をめぐっても権力的ではなく、対等性が著しい。また、ボノボは完全な草食で、群同士は儀礼的に抗争を回避している。

ボノボは、異性の大人同士のみならず、同性の大人同士や大人と子供の間でも実に頻繁に性交渉を行い、個体間のあらゆる関係をその都度巧みに調和させている。一歳に満たない内から、大人相手の性交や雌同士での「性皮コスリ」（「ホカホカ」）の真似事を始めるのである。実の母親も雄の赤ん坊と「交尾」する。つまり、大人の雄とその母親以外の組み合わせなら、性や年齢や親子系列の如何に一切全く関わりなく、誰とでも多型的な「不毛の性」の交わりを実践し、それに「社会的な」――より正確には、コミュニケーションとしての――意味付けを積極的に与えていると見ることができる。

ここで大切なのは、性行為によって、絶えずその場でその都度優劣関係を即座に解消するという点である。例えば、性皮こすりの結果他の雌に食糧を与えることになる雌は、決まって下になる体位を採るのだ。このように、ボノボの性交渉は個体同士を結合させるのだが、（一般）互酬的な交換関係から派生する「負い目」（負債）の感情を即座に清算するという点で、人間の場合とは決定的に異なる特性をもっている。ボノボは、そうすることによって、贈物や交換を通じて個体関係が（社会的に）構造化される可能性を絶えず萌芽の内に摘み取って排除し続け、ひいては社会と自己（すなわち、社会と相互的に分節される、社会性を媒介とした自我）の成立を意図的に回避しているのだ。しかも、言語を持たないことによって、贈物という意識が成立してそれが記憶されることをも未然に回避しているとも言えるだろう。

要するに、ボノボは、人間が女性（および財貨・サーヴィスとメッセージ）の交換を手段として家族と

（その複合態である）共同体を創り出し、そこから一層複雑で重層的な社会を際限なく発展させて地球の隅々にまで進出してきたのとは全く異なった方向に向かって、性関係を独自の仕方で高度に構築してきたのである。その結果、ボノボは人間よりもずっと気儘で和やかな生を全域的に実現し、維持しているのだ。

人間は全ての出発点にインセスト・タブーを置いた。そして、インセストの禁止を通じて、自然の性別（sex）をなにがしの仕方で文化的に強化した性差（gender）と年齢カテゴリーを創り出し、その厳格な差別化を前提とする交換システムである、共同体を立ち上げたのである。社会的な交換は禁止が創り出す欠乏を埋め合わせる相互的な活動だが、それは差異を埋めて差異を解消するのではなく、大局的に見れば、逆にそれを更新し、強化し続ける連鎖を絶えず駆動してきたのであった。

これに反して、ボノボは何処までも生の禁止を能う限り取り除いて、性愛を解放した。性や成熟度ばかりか、血縁の差異すらも極限まで均して、群の全成員を任意の多角的な性関係へと向かわせたのである。それは、あらゆる自然の差異を縮小し、性を通じて、自由で且つ融和的な群内部のあり方を実現する、巧みな生存戦略だったと言える。

このように、人間とボノボは互いに裏腹な形で性を取り扱って、それぞれに固有の世界と内面性を生み出した。人間の性は、タブーに反しない限りでの生殖というごく狭い範囲に囲い込まれたが、ボノボの性は、生殖から存分に解放されている。しかし、その反面、（場合によってはタブーや制度に抗してまで）一途に強く惑溺する深い快感とその喜びからも遠ざかり、性は半ば、言語に代わるコミュニケーションの手段と化している感もある。

翻って人間を見てみれば、最も親密な異性である姉妹と娘（それに母親）を性交渉の相手とすることをタブー（禁忌）として封じ込めてきたが故に、その性の営みは、想像力によって、内面に深く根を下ろした性愛（エロス）へと高められたのである。それは、インセスト・タブー成立以前の「全なる同一性」を求め、内と外、自と他との完全な合一を志向する精神の密かな炸裂であり、内に秘めた強い葛藤とその昇華を潜めた、情念的な快楽を伴っている。

結婚とは、チンパンジー型の抗争的な生を生きてきたヒトが、群同士の熾烈な抗争を回避して生存を確保するために発明した、画期的な仕組みであったに違いない。そして、ボノボはそれと全く正反対の対照的な方向へと独自に歩み続けてきたのである。

だから、ボノボに人間としての、或いは人間になる可能性を霊長類学が捜し求めようとするのは、根本的な誤りではないのだろうか。ボノボに直に「人間」を見ようとしてはならないのだ。我々は、人間性(humanity)を新たな方向へと思い切って大きく再編する可能性を具体的に示してくれる存在として、彼らの生と性の意味を捉え直すべきなのだと思われてならない(12)。

おわりに

本章を閉じるに当たって、かつてレヴィ＝ストロースが次のように書いていたことを思い起こしてみたい。

途中下車地点が旅行の必要条件でもあり、またその否定でもあるように、家族は社会の存在のための必要条件でもあり、また否定でもある。(レヴィ=ストロース　一九六八：二八)。

彼は、結婚と家族を、人間が人間になり、人間が人間であり続けるための、歴史上の、しかしそれゆえに一時的な必要悪として受け留めているかのようである。

確かに、結婚や家族という制度は、人間の存在と存続にとっては、もはや不可避の前提でも不変の原理でもなくなっていると言えるかも知れない。工業化による生産力の革命的な高まりを経て、人間は家族から独立した個人としても生きていける社会的な生存条件を獲得した。そして女性は、もはや疎外された力弱い「交換の客体」(結婚させられる者)に止まってはいない。かくして、周知の通り、二十世紀後半から欧米では家族の紐帯が随分とゆるやかなものとなって久しい。無論、高齢化、晩婚・非婚化の著しい日本ももはや決して例外でないことは、現下の諸々の現実が如実に示している通りである。

それゆえに、「不毛の性」として危険視され、忌み嫌われてきたような性の諸側面が何時までもそうである必然性はもう失われた。そして、世界の諸社会の様々な事実が浮上してきてそれを徐々に明らかにし、裏書きするようになった。その不可逆的な動きの鏑矢の一つとして、米国の一部の州、オランダ、北欧諸国に続いて、二〇〇一年八月一日、ドイツでも「生涯のパートナー法」が施行され、同性愛者同士の結婚が合法化されたことを挙げることができる。不毛の性の「穢視/聖化」は、欧米では日々昔語りの領域に退いていこうとしているのだ。

とは言っても、(王権が衰退した現代社会では)近親性交や近親婚は益々視界から遠ざかり、タブーの対象から外される気配は微塵もない。また、これまでにイスラエルのキブツなど幾つかの代替的な実験が試みられはしたものの、人間はまだ家族に代わる包括的な社会編成の仕組みの基盤を見つけ出してはいないのだから。しかし、何処でもジェンダーとそれに基づいて営まれてきた社会や文化のあり方を全面的に見直し、一人一人に固有な性（「n個の性」）の尊重へと確実に方向転換しつつあることは疑いないだろう。やがては、インセスト・タブーの再検討を敢えてタブー視しない、新しい「人間」の論理が姿を見せ始める日が訪れることになるのかも知れない。

実は、「n個の性」とは、悠久の以前からボノボが実践し続けてきた、「もう一つの人間性」の基盤とも言うべきものであろう。この意味で、ボノボとは、まさしく新しい「人間」の可能性を実際に示唆している、驚くべき存在だと思われるのだ。

人間のエロティシズムは、常に死に親和的であり、人間や社会の存在そのものを脅かす暗い非合理な力の影を纏ってきた。そして、アモーラル（つまり、不道徳ではなく非道徳的）であって、血や暴力の匂いさえ漂わせていた。というのは、エロティシズムが、家族と共同体を創る結婚の禁じられた陰画であり続けてきたからである。しかし、新しい「人間」は、エロティシズムから暴力性と反社会性をぬぐい去り、人々を個々人の独自性を担保したままで融和させる力へとそれを全域的に作り変える可能性を秘めているであろう。

しかしながら、現実のボノボの生と性がそうであるように、新しい「人間」の論理は、原理的にエロティシズムの基底を排除してしまうように思われる。それがもたらすのは、深い情念的な性愛が不在の世界であるのかも知れない。たとえそうであれ、その世界は、人間とその社会から分離された強欲な資本主義（いわば、separated capitalism）の論理の自己運動が人間そのものを破壊する結果として生起しつつある近未来の我々の世界のごとく荒々しいものではなく、それとは対照的に、遥かに和やかなものであることだけは確かであろう。

さらに言えば、生命科学と生殖医学の現今の凄まじいばかりの進展は、クローニングによって、女性が自分と完全に同一の遺伝情報をもった娘（双子としての、年の離れた妹）を単性的に産める可能性までも用意してしまった。究極の同一者が出現し得るというこの現実を目の前にして、これまでの古い「人間」観は今後果してどこまで妥当であり続けられるのだろうか。この問いを胸に留めて、虚心坦懐に自問してみたいものだ。

私たちは、一方ではトーテム的思考法を見つめ直して[13]、また一方ではボノボを鏡として、どこまでも柔軟で且つ強靱な新しい「人間」の論理を鍛えあげなければならない。

《注》

（1）ここで言うのは、（例えば日本人ならぬ）普遍的な存在としての「人間」である。すなわち、それは共同体の紐帯に頼れないその外部でも自立して、自分を完全に律しつつ合理的に生きていける者という、十八世紀西欧が発見した概念である。デフォーが描いた『ロビンソン・クルーソー』（一七一九）の主人公が、その一つの典型的な人物像だと言えるだろう。

（2）実は、訳語そのものが問題だろう。exogamy は、決して族外婚だけには限らない。外婚とするべきである。

（3）例えば、日向に天下ったニニギの息子ホヲリと孫息子のウガヤフキアヘズは、いずれも異類であるワニ（豊玉媛・玉依媛）と、そして曾孫の神武は（その名前自体が異類を含意する）隼人の娘（アヒラ〔ツ〕ヒメ）と結婚する。この水準では、異類と異民族は、歴史的な遷移を含みつつも、天孫族の他者として同一者である。また、これらの結婚が成立したのは、広域的な支配者たらんとした天孫族が、その時点で彼らを同一者と認めたからである。日本神話には、このように人間という観念の自由な広がりと自在な規定性、或いは操作性の交錯を存分に読み取れよう。

（4）ここでは、オナニズムをオナニー（手淫）の意味で用いている。その語源となった『創世記』（三四：四―一〇）に出る、ユダの次男オナン（Onan）の逸話の場合、オナンの行動は実は膣外射精であってオナニーではない。したがって、両者の関係に潜む一種の捩れにも細心の注意を払っておく必要がある。

（5）古代エジプトの王族が兄妹婚をしたことはよく知られている。例えば、アレクサンドロス大王の家臣が興したギリシア系のプトレマイオス王朝でさえも、その二代目の王であるフィラデルフォスが、エジプトの伝統に倣って姉のアルシノエ二世と結婚している。

（6）王族の内婚については、筆者の別稿（小馬　二〇〇一：二八三―二九〇）参照。

（7）ただ、先王の妃が存命であれば新王が彼女を妃としなければならないという、アフリカ諸王国に往々見られる規範を合わせて想起しておきたい。この場合、潜在的な母子婚の可能性が暗示されていると言えよう。

（8）例えばマリノフスキーは、トロブリアンド諸島（の生殖「理論」）では、母親だけが生殖を担い、父親は生殖に無関係だと考えられていて、「母の夫」と考えられていたと報告している（マリノフスキー　一九六八：一三八―一四一）。これに類する父親観が世界各地で見られた。

（9）ただし、日本でも男性の同性愛が三角関係等、異性愛に見られるのと同じ矛盾と葛藤を孕むものであったことが知られている。このような場合は、社会の死に繋がり得るのは論を俟たない。

（10）芸術家に同性愛者が多いのも、同じ理由によるものと思われる。芸術とは、集団の共同幻想（文化）に取り込まれた部分的な私的幻想の表現である。前者は、動物の本能に代わって、集団とそれを構成する諸個人の永続を保障する（現実原則）。これに対して、後者は快楽を追求する（快楽原則）のであり、それゆえに死に深く親和しもするのだと言えよう。つまり、戦士の同性愛が共同体的であるのに対して、私的であり、より強く快楽的なのである。

（11）時折、霊長類学者から、高い知性を持つ類人猿の生体実験への非難の声や、人間に準じた生存権を認めて保留地を確保すべしといった声が上がることがある。真っ当な見解だと思う。しかし、そのような意見の中に、類人猿に言語を教えこむ訓練それ自体を暴力と捉えて自省することを経由した思索を見出せないのが、いささか残念である。

（12）筆者は、霊長類学の圧倒的な成果に学びながら、既にこの見地から別稿を発表している（小馬　二〇〇〇：一三―二八）。より立ち入った議論は、それを参照して欲しい。

（13）レヴィ＝ストロースは、恐牛病が現代社会にもたらした衝撃の意味を、カニバリズムを再考する視点から論じた興味深い論点を提出している（レヴィ＝ストロース　二〇〇一）。

《参考文献》

Frazer, J. (1992〔1911〕) *The Golden Bough*, London: Macmillan.

Savage-Rumbaugh, S. and Lewin, R. (1994) *Kanzi: The Ape at the Brink of the Human Mind*, London et al.: Doubleday.

榎本知郎（一九九七）『ボノボ――謎の類人猿に性と愛の進化を探る』丸善ブックス。

小田　亮（一九八九）『構造主義のパラドックス――野生の形而上学』勁草書房。

小馬　徹（二〇〇〇）『贈り物と交換の文化人類学――人間はどこから来てどこへ行くのか』御茶の水書房。

小馬　徹（二〇〇二）「王のカリスマ性」網野善彦他（編）『宗教と権威』〔天皇と王権を考える４〕岩波書店、二七一―二九三頁。

澁沢龍彦（一九八四）『エロス的人間』〔中公文庫〕中央公論新社。

出口　顕（二〇〇一）「インセストとしての結婚」川田順造（編）『近親性交とそのタブー――文化人類学と自然人類学のあらたな地平』藤原書店、八六―一一五頁。

ニーダム、ロドニー（一九七七）『構造と感情』（三上暁子訳）弘文堂。

マリノフスキー（一九六八）『未開人の性生活』（泉靖一・蒲生正男・島澄訳）ぺりかん社。

レヴィ＝ストロース、C．（一九六八）「家族」祖父江孝男（編訳）『文化人類学リーディングス』誠信書房、三―二八頁。

レヴィ＝ストロース、C．（二〇〇〇）『親族の基本構造』（福井和美訳）青土社。

レヴィ＝ストロース、C．（二〇〇一）「狂牛病の教訓」『中央公論』一四〇三号、九六―一〇三頁。

第二章　キプシギスの性観念の歴史と強姦

はじめに——若干の前置き

どのような社会であろうと、仮にも性愛の作用がなければ存続してはいけない。性愛は、ヒトとヒトとを結合して社会を維持し、再生産する基盤としての力でもあり、また逆に、容易にいかなる権威に屈せずに抵抗する非合理で不定形な力としてそれを乗り越え、食い破りかねない、別の一面をも併せ持っている。それゆえ、当然ながら、性行動を監視し、規制し、抑止する何らかの規範や掟を持たない社会は、何処にもあり得ない。

いや、レヴィ＝ストロースによれば、インセスト・タブー（近親婚の禁忌）こそが、最初の、そして普遍的な禁止であり、ヒトの群の内と外、つまり「我々と彼ら」を分節し、ヒトの群に明確な輪郭を与え、求心性のある家族に変えたのである。また、インセスト・タブーは裏返せば根源的な「交換の命令」であって、家族内の異性との性愛（それ以上に婚姻）を禁じ、罰する。それゆえに、或る家族はそこに生まれた女性を婚出させ、伴侶となる女性を他の家に求める。つまり、インセスト・タブーが家族間の女性の交換として婚姻を、またそれと共起的に財やサーヴィスの交換としての経済と、メッセージの交換としての言語を生み出したのだ、と彼は考えている。

すなわち、性愛が種としてのヒトが自らを再生産し、維持していくための生命的な基盤であるのに対して、ヒトの群に課された性愛の内的遂行の普遍的な禁止が、ヒトの結合関係を構造化し、制度化して家族間の連帯による共同体の形成を導き、ヒトを類存在としての人間に変えたのだと言える。

さて、参与観察調査をいわば学問上のイニシエーションと見做す人類学（特に社会人類学）では、二十歳代の終盤から三十歳代前半に最初の参与観察調査を経験することが多い。そして、まず住み込んだ村の各戸の家族構成、親族・姻族関係を精彩、且つ網羅的に記述することから調査を開始することになる。それは、しばしば村人の個人史に直に接する機会となり、往々性や婚姻の慣行とそれを巡る悲喜交々の逸話を知って心を動かされる経験にもなる。そうした実感は、人類学のフィールドワーカーなら誰もが思い当たるものであるはずである。

或る社会の男女の関係を性行動に則して実証的に研究することに魅力を感じ、また大きな意義があると思えるのは、マリノフスキー（Bronislaw Kasper Malinowski）が説得的に述べた通り、生きた個人を虜にせずにはいない異性の魅力に纏わる情熱的な、または感傷的な出来事が、（人間の生存に最も重大な意味を持つと共に）個人の内面や人生の妙味に直接的に強く結び付いているからである（マリノフスキー一九六八：一）。

レヴィ＝ストロースに触れて先に紹介したような原論的な知識を携えてフィールドに赴き、参与調査としてのフィールドワークの経験を多少とも積んだ人類学者であれば、或る（民族）社会の婚姻制度の輪郭やジェンダーのあり方の概略を叙述したり、象徴的二元論を用いて性に纏わるシンボリズムを切り取ったりすることに大きな困難を見出さないだろう。しかしながら、まだ人生経験の浅い若い人類学者が、マリノフスキーのように柔軟で共感的な想像力を働かせて異文化の性行動の深奥の理解に達することができるかどうかとなると、話は別である。ジェンダーは文化ごとに実に独特で多様であるがゆえに、自文化の相対化を徹底して「常識」を退けなければ、安易な誤解に陥る危険が大きい。

本章は、キプシギス民族の性の諸相を描こうとするものだが、マリノフスキーならぬ凡庸な一人類学徒である筆者には、長年のフィールドワークを経た今日でもその全体像を容易に見通せず、また、限られた紙数ではフィールドで学んだ諸々の事柄を到底手際良く論じ尽くせそうにない。そこで、強姦をめぐる男女関係という、いささか衝撃的なトピックスを敢えて戦略的に選択することによって一旦焦点を狭く絞り込み、彼らの性のより一般的な諸相をそこから逆照射して考察の対象を押し広げてみたいのである。(1)

一　強姦の諸相と歴史的な変化

二十世紀初頭に英国の統治下に置かれた後も、一九四〇年代までは、キプシギスの人々の土地には民族が総有する広大な放牧地があり、点々と藪地が散らばるその遊牧地を、人々は親族や姻族、同年齢組員、或いは友人を訪ねて徒歩で頻繁に行き来した。この時代には、男たちが強姦を（「慣習法」上）いわば「合法化」する様式化された奸計を弄することがままあったし、そうでない「定法」もあった。

1 「古典的」で「合法的」なやり口

今日のボメット県（Bomet County）南西部のチェプレルウォ再入植地に、一九八〇年代初め、ムバラリア（仮名、以下同）という当時七〇歳余りの老人が住んでいた。彼は、歩行が困難で、ほとんど歩けなかった。まだ若かった頃、同地の白人入植者の牛を盗んだ罪で投獄されていた監獄から脱獄を試みた際に、高い塀から飛び下りて両脚を酷く挫いて、それを治し切らずに放置してしまったからである。或る人々によると、同時に脱獄を企てた数名の者の内で彼だけが足を挫いたのは、彼に「古典的な」手法で強姦された女性がそれを恨んで彼を呪詛していたからだと言う。

その「古典的な」手法とは、当時人々に恐れられていた炭疽病に冒されて道端に斃死した者の死体を演じるというものである。植民地化されるまでは半遊動的な牛牧民であり、中央アフリカから東アフリカへと史上絶えずゆっくり南下し続けてきたキプシギスの人々は、遺体を藪地に遺棄（すなわち「獣葬」）し、ハイエナに貪らせた。巣穴に棲む獣であるハイエナは、いわば地下にあると想定された他界へと死者の霊魂を運ぶ「乗物」であったのだ。性的な奸計を心に秘めた男は、夜が明け初める頃、比較的人通りのある藪地の一隅にやってきて素裸になり、口と肛門とペニスに牛等の獣の血を塗りたくってから、股を開いて仰向けに寝転がり、女性が通り掛かるのを辛抱強く待った。もし偶々通りかかった女性が驚いて、「まあ怖い！　この男は炭疽病にやられたんだわ！」とでも口に出すと、男は即座に起き上がる。そして、自分を死体呼ばわりした非礼を咎め立て、身を許して謝罪の意を示さなければ半死半生になるまで打擲してやるぞと脅して、強姦したのである。

この手の強姦者は、女性が絶えず尊敬を払うべき成人男性（*murenik*）の一員である自分を侮辱するという許しがたい罪（*tengekto*）を犯したのだと主張し、そこに自分の行為の正当性の根拠を求める詭弁を弄したわけである。こうした事情に通じた女性たちは、炭疽病の犠牲になったらしい男の遺体に藪地で行き合っても、無言で行き過ぎる知恵を身に付けていたし、男もそのような女性を襲うことはなかったと言われる。基本的に氏族（と年齢組）以外に生命や財産を保護してくれるもののない非中央集権的（non-centralized）で無頭的（acephalous）なキプシギス民族において、「罪もない」女性を強姦することによって自分が引き受けなければならない負債（被害者の夫が属する氏族による復讐〔feud〕）の大きさを熟知していたからである。

2 「芝土男」または「黒い火の男」――もう一つの強姦の手法

一九四〇年代の後半までにキプシギス民族の土地は、各戸によってほぼ寸土に到るまで囲い込まれてしまっていたし、死体を藪地に遺棄する「獣葬」も植民地政府によって厳しく取り締まられるようになった。前項で紹介した「古典的な」奸計は、余程辺鄙な所（例えば、キプシギス民族が蚕食し、侵出していたマサイ人の土地）でなければ行使できなくなって行った。

この政治・社会的な環境の変化に伴って一般的になったのが、（古くから存在した）夜間人家にこっそりと這入って就寝中の女性たちを密かに犯す、という強姦の手法だった。そうした男は、夜が更けるのを待って、まず素裸になる――日本では俗に忍びの者が夜陰に身を紛らわすために蘇芳の装束を纏ったと言うけれど、全く同じ目的のために、キプシギスのその手の男は自分自身の黒い肌をそのまま利用するのである。そのうえ、全裸であれば逃走する際に証拠物件を残す危険性が最小限になる。

そうした男は、一塊の芝土を携えて（主婦とその娘とイニシエーション受礼前の男の子たちが眠る）母屋に忍び込む――なお、夫は「牛小屋」(*kaptich*) と呼ばれる別の小さな小屋で寝た。それから彼は、芝土の塊を揉みほぐし、それを屋内の中央部にある炉に終夜焚かれている太い薪の火の上に振りかけて火勢を削いでおいて、徐に件の行為に及ぶ。炉の両側に低く土盛りして作った「土製のベッド」(*itogut*) には牛皮が敷かれ、主婦と子供たちが寄り添ってごろ寝する。だから、誰もが睡眠中何時も他の者の身体の感触を肌身に感じていて、却って侵入者の行為に気付きにくい環境なのである。

キプシギスの標準的な家屋は、円筒形の土壁の上に円錐状の草葺屋根が乗った形式で、正面に戸口がある――往時は極めて小さかった。「芝土男」となるのは、決して遠方から来た男ではなく、捕まえてみると決まって身近な村人なのだと言う。その男は、目指す家の大まかな内部構造、殊に昔なら小さな挟み込み式の戸板を内側から閂状に閉ざす横棒の位置を、近年ではドアの掛け金の位置を、昼間から何食わぬ顔で確認して頭に叩き込んでおく。そうして、夜になると、目星を付けておいた土壁の一点に外側から小さな穴を静かに穿ち、その穴から手首を差し込んで扉を開ける（戸板を外す）のである。だから、紳士たる者は、他家を訪れた際に扉の掛け金に目をとめる愚を決して犯してはならない。

勇敢な女性なら、寝皮（現在ではウレタンマット）の下にマッチ箱を隠しておく。もし「芝土男」が扉に工作する物音に気付けば、忍び足で戸口ににじり寄って、男の手首が屋内に差し入れられるまで待ってから、その手首か手指を山刀 (*panget*) で切り落とすのだ。(2) そこらの村にだって手指や手首がない男がいるだろうよと、女たちが笑う。行為の最中に気付かれると、命を奪われることにもなりかねない。鼻を切り落とされてしまった男もいた。「芝土男」という手法の困難さは、前節の「合法的な」仕方とは異なって、常にこうした危険と背中合わせであることだと言う。

3　強姦者の供給源——成年前の少年たち

一九七〇年に、（上記のチェプレルウォ再入植地の隣村）カムゲノ村に住むチェルイヨットとキプトーという、当時まだ（割礼を伴う）イニシエーションを受けていなかった（「成年」前の）年嵩の少年たちが、同村の長老の一人だったセロンの娘たちを「芝土男」となって強姦する事件が起きた。彼らは用意周到に短い丸太を一本ずつ携えて行った。万一気付かれても、いざという時に刃傷を避けるためである。「芝土男」の遵守すべき最低限の「作法」は、決して女性たちを殴ったり脅したりしないことである。それは、万一現場で、または事後的に犯人と同定されて「近隣裁判」（*kiruoget*）に掛けられた時に、長老たちから情状酌量を引き出すためだ。チェルイヨットとキプトーは、犯行を疑われて「近隣裁判」に掛けられ、自白しなければ警察に突き出すと言葉巧みにおどされると、ついに白状した。しかし、再犯しないように厳しく諫められただけで、その場で解放されたのである。

チェルイヨットやキプトーのような、まだイニシエーションを受けていない年長の少年層は、「芝土男」の有力な供給源だった。その受礼前の少年たちは、未熟者として、年端もいかないイニシエーション受礼前の娘たちからも、また既にそれを受けたばかりの（結婚前の）娘たちからも、さらには既婚女性からも、性的に軽んじられた。

娘たちはおませだ。娘は十三歳か十四歳頃に受礼するのが普通だったが、それ以前でも、自分たちの性的な成熟を誇示しようとして、努めて性的な暗示の強い歌を歌うのだった。娘たちが（割礼を伴う）イニシエーションの際に[3]「儀礼の家」に選ばれた家に集まって歌う「愛の歌」の歌詞は、次のようなものである。

私たちの谷間は臍の下にあるわ
あんたが私を好いているのなら
ね、あんたを愛させてよ
あんたが私を嫌いなら
血で膨れ上がったあんたの物を
そっとしといてやんなさい

また、別の「愛の歌」はこうだ。

家畜をあっちへ追って行きましょ
家畜をあっちへ追って行きましょ
おお、義理の息子よ
野バナナの茂みに隠れようね
あれを突き通そうね
もし（大き過ぎて）入らなけりゃ

二人で押さえて入れましょね
それでも入らぬその時にゃ
二人で油を塗りましょね

しかし、「成年」前の少年は、たとえ彼の方が年長だろうと、同年輩であろうが、娘たちからは鼻も引っかけて貰えない。「成年」前の少年で娘たちに近づける者はごく限られている。娘たちは、一群となって、近隣の「成年」後の若者たちが幾人も寝泊まりする「息子たちの小屋」(*singiroina*)を毎夜訪ねた。若者たちは、夜道その娘たちを警護して連れてくる者を「成年」前の少年の間から選び、その役割の遂行を命じた。当夜やって来た娘たちの数が多ければ、警護役の少年に褒美として誰かが与えられることもあった。だが、娘が「成年」前の少年と無断で交情すると、相手の少年共々手酷く打たれたのである。

そこで、大概の「成年」前の少年たちには、「芝士男」になる以外に性愛に与れる道がない。家畜の中でも山羊と羊の世話は少年たちの仕事だから、その群れの中に姿を没して行動するのは御手の物だ。当時、各々の家では、夕闇が迫ってくると、母屋の円形の土間を半円に区切った戸口に近い方の大部屋(*njor*)に山羊・羊を収容した。少年たちは、この機会に他家のその大部屋に山羊・羊に紛れて忍び込んで、反対側の小部屋(台所と寝室 *tootet*)の炉の火が下火になる深更までじっと潜んでいることもあったと言う。

少年たちは、人参に似た葉をした野草であるチェプキミイェット草(*chepkimyet*)の根を携えて行き、少量を炉の火にくべ、残りを口のなかで噛みしだいて、その汁を睡眠中の女性たちの体に吐きかける。そうすれば、女たちは深い眠りに落ちて、その行為中目覚めることがないのだと言う。

「芝土男」は、事に及ぶに当たって、まず自分の両手を炉の火で暖める。彼らの冷たい手が身体に触れた感触で女性が目覚めることを防ぐのである。次いで、細心の注意を払いながら女性の瞼を指先で軽く触れてみる。こうして、彼女が実際に深い眠りに落ちていることを確認してから、そっと身体を重ねていく。

「成年」前の少年たちの犯行は、必ずしもそれ程重大視されなかった。少年が現場で捕らえられた場合は、大概女たちに袋叩きにされて解放された。もし犯人が逃れ、少年であるとわかりながらすぐに誰と特定できない場合には、翌朝村中の少年たちのペニスが女たちの手で一斉に調べられた。それでも犯人を同定できない場合には、近隣裁判が開かれ、解決は村の長老たちの手に委ねられたのである。

4 「芝土男」の心理と法意識

概して、キプシギス民族では、イニシエーション受礼前の娘や子供が被害者である場合を除いて、強姦者に対する制裁は寛大だったと言ってよい。その理由を考察するに当たって、先ず、「芝土男」の事件を近隣裁判で取り扱う場合に村の長老たちがしばしば引用する、次のような興味深い判例があることを紹介したい。

ソト地方[4]出身のキルイは、一九四一年にケニア植民地政府によって行政首長(administrative chief)に選ばれた程の人物だが、妻が出産した後に暫く禁欲生活を余儀なくされると、その度ごとに「芝土男」となって強姦を働いていた。或る日の深更、その主人が留守であることを察知して或る家に侵入したキルイは、ふとしたことからその家の主婦に気付かれて、山刀で両唇を切り落とされてしまった。キルイは、別のロケーションの行政首長に被害を届け出て、その婦人から賠償を得ようとした。一方、その場へ件の婦人が直接現れて、キルイを強姦者として告発した。両者から訴えられた行政首長は、その場でキルイを殺す許可をその婦人にすることなく与えた。しかし、キルイが、自分の子供たちがまだ幼いことを挙げて命乞いをしたので、結局、その婦人の夫の住む村の近隣裁判に解決が委ねられることになった。キルイは、近隣裁判でも図々しく障害の賠償支払いをその婦人の夫に迫った。裁判に臨んだ長老たちは、キルイの妻が出産間もない時も「芝土男」となるよりは（仮に民族の性慣行のタブーに反するとしても）自分の妻と交わる方がまだしも良いと結論を下した。そして、キルイに、判決後すぐに必ず執行される「和解の儀礼」で供犠される去勢牛の支払い（提出）を命じた。

このよく知られた事例で、キルイは「芝土男」になることをそれ程重大な逸脱行為だとは見做していない反面、襲われた女性の当然の反撃を過剰防衛と見做し、それを不法なものと考えていることが窺える。これは、恐らく既に近代人たり得ていたもう一人の行政首長とは著しく異なる態度である。さらに、近隣裁判でも、長老たちは、いわば（通例は原告と被告が折半して支払う）「裁判費用」(*muget*) に当たる犠牲獣の支払いをキルイに求めただけで特に罰を加えなかった。ただし、原告の婦人に対する損害賠償の請求も認めていない。

5　公認された「強姦」——「芝土男」出現の歴史的背景

実は、「芝土男」には、ソト地方ではかつて半ば公許された「制度」でさえあったという特殊な歴史的な背景がある。一八八〇〜九〇年頃に起きたと推定されているモゴリ戦役で、キプシギスの戦士たちは、敵地の奥地に深く侵入して近隣のグシイ、ルオ両民族の連合軍を激しく攻め立てたが、最終的にはクリア民族の加勢も得たその両民族軍に攻囲されて大反撃を食い、キプシギス民族には男が絶えたと言われるほどの壊滅的な敗北を喫した。中でも飛び切り多くの戦死者を出したのが、南部のソト地方だった（小馬一九八四：一二―一五）。

民族の衰滅を恐れたキプシギス民族の長老たちは、まず男子のイニシエーション年齢を思い切り大幅に引き下げた。そればかりでなく、次のような便法にさえ訴えたのである。キプシギスの慣習法では、女性は個人に嫁ぐのではなく、家（ひいては氏族）に嫁ぐとされ、寡婦は亡夫の（同腹、異腹の）兄弟など氏族の適任者によって「相続」（*kiindi*）されることになる。[5] しかし、モゴリ戦役敗戦当時、世に満ちあふれる寡婦を「相続」して彼女の（性的・経済的な）福祉に責任を持つべき「後見人」になり得る男性が容易には見つからなかったと言われている。そこで老人たちは、イニシエーション受礼前の少年を含む全ての男たちに「合法的な芝土男」となることを密かに勧めたのである。

なお、キプシギス人は、世代を越えて持続する氏族の生命の流れを火（*maat*）に譬えるのだが、この故事のゆえに、「芝土男」は別名「黒い火の男」（*kiptuimaa*）とも呼ばれている[6]（小馬　一九八七：三四―三五）。

二十世紀初頭、キプシギスの土地を含む西ケニア全体が英国の統治を受けてケニア植民地に組み入れられた。こうしてこの地域でもパックス・ブリタニカが現出して民族間闘争が抑止されたことも手伝って、キプシギス民族はどうにか民族再建を達成する。だが、「芝土男」の伝統は、例えば先に挙げた行政首長キルイの事例からもその一端が窺えるように、男たちによって新たに手前勝手な（或いは父権主義的な）存在意義を見出されて生き残ったのであった。また、女性の側でも、子供のできない、或いは男児に恵まれない既婚女性の一種の「社会福祉」の便法として、この「慣行」に別の積極的な意味を見出すようになっていたのである。

6 「芝土男」を讃えて

チェプレルウォ再入植地やカムゲノ村の近隣であるタキテッチ村の或る婦人は、結婚後十八年間懐胎することがなかった。そこで、村の女性たちは、ついに「芝土男」に頼ることを勧めた。どこかの家の地ビール（*maiywek*）のパーティが開かれると、酔い潰れた振りをしてその家に居残っては、隙を見つけ、眠っているその家の主婦や娘たちに近づこうとするのも「芝土男」の得意のトリックである。そこで、タキテッチの件の婦人の家で地ビール・パーティーが開かれる折に、それとなく「芝土男」を挑発するように忠告したのだった。そして、彼女は身ごもり、待望の子供を得た。

さて、女性たちが女性たちだけの儀礼の宴で密かに歌う「芝土男」の歌は、次のように歌い出される。

「芝土男」を呪っちゃダメよ、エエ、エエ、エエ
「芝土男」の仕事は牛盗りさ、エエ、エエ、エエ
皆で祝福してやりましょう、エエ、エエ、エエ

この歌詞は、女性たちにとっては、男たちの他民族からの牛盗りも「芝土男」の性的な所業も共に、自民族に富をもたらすことになる祝福された仕事なのだと、むしろ讃えているのである。

英国植民地政府によって領土が固定され、その統治政策によって農牧民化される以前は半遊動的な牛牧民だったキプシギス民族にとって、社会、経済、宗教、言語、美意識の何れの次元でも、偏に牛が価値の中心を成していた。だから彼らは、何よりも牛を愛し、近隣民族から牛を略奪して来ることを唯一、「仕事」(*boisiyet*)と考えていた(小馬　一九八五a：四―六)。だから、植民地化以来政府はずっとこの「牧畜民のセンチメント」を根絶やしにすることに腐心し続けてきた――この「牧畜民／農耕民」間の民族紛争克服が二十一世紀に入ってもなお、国家政府の解決すべき最大の国内問題の背景を成している。

だから、かつて祝福された仕事であった牛盗りと民族の生命を再生産する生殖行為との間に、象徴的には切っても切れない相互連関がある。男たちは、他民族から***moek***(子牛)を盗って来て女たちに与えるばかりでなく、その牛を婚資として支払って妻を娶り、氏族に***moek***(子種)をもたらす。同様に「芝土男」は、女と氏族に***moek***(子種)をもたらして(も)くれる。だから、彼の仕事は犯罪ではなく、牛盗りと同様に祝福された仕事で(も)あると、女たちは「芝土男」の所業を讃え、歌っているのである。

或るキプシギス民話では、登場人物の一人の女性が「結局、女は『背負い籠』なのだ」と語る。ここで言う「背負い籠」(*lekwelet*)は、葛で編まれ、紐で担ぐようになっているごく目の粗い偏平な籠で、カスタネットのごとく二つに割れて開く。牛乳と牛肉を一緒に背負い籠に収めることが或る理由からタブーとされ、禁じられていた。そうすれば、「火」、すなわち氏族の生命の流れ、つまり繁殖が損なわれると信じられていたのである。しかし、この規範に外れない限り、他のどのような物を背負い籠に一緒に納めても構わない。女も結局は背負い籠と同じなのだ。「火」を絶やさないためになら、「どんな物」でも受け入れることができるのだと、この物語の女性は語っているのである。この物語は、キプシギスの伝統的な女性の価値観と、男性の極めてシニカルな女性観を同時に巧みに表現するものであっただろう。[7]
因みに言えば、先に挙げた「古典的な」強姦者であるムバラリアが手酷く呪詛されたのは、彼が強姦する前に被害者の女性が担いでいた背負い籠を荒々しく引きずり下ろすという、侮辱的な挙に出たからだと伝えられている。つまり、彼は「どうせお前は背負い籠じゃないか！」と、彼女の貞節を愚弄したことになるのである。

7　イニシエーション受礼前の娘に対する強姦

夜間道端の茂みで待ち伏せて割礼前の娘を襲うのも、もてない未婚の男たちとほぼ相場が決まっている。イニシエーション受礼前の娘たちは、毎夜恋人のいる「息子の小屋」へと通う。なお、一九四〇年代までは、娘たちは高地に位置する母村（*kokwet*：近隣集団）からやや乾燥した低地の牛牧キャンプの「牛の小屋」[8]（*kaptich*：若者小屋）へと、長い距離を往復した——母村からシコクビエやコウリャン等の穀物の粉を戦士たちに届け、帰りは牛の乳と新鮮な血を持ち帰ったのである。

かつては、イニシエーション受礼前の娘が既婚男性の恋人になることは、その男性の妻からも公認されていた。夫に連れられて訪ねて来た夫の「成年」前の若い恋人を、妻は大いに歓迎したものだと言われる——特に、出産後暫くの間は。ただし、夫が既婚女性と交情したことを知ると烈火のごとく憤って、即座に実家に出戻った。

かつては、娘のイニシエーション受礼前の恋人がそのまま彼女の結婚相手になることは、極めて珍しいことだった。キプシギスの人々は、性愛と結婚（制度）を峻別している。娘は、（割礼を伴う）イニシエーションを無事受礼した直後に嫁ぐのが普通だった。そして、娘の意思に拘わりなく、複数の求婚者の内で最も多数の牛を婚資として支払うことを表明した者を、娘の父親の氏族が娘の伴侶に指名するのが常でもあった。

さて、一つの近隣地域で、或る男性が（時には一〇人を超える）多数の恋人を持っているのに、或る青年には一人の恋人もいないという事態が往々生じた。かつて娘たちが恋人にしたいと望んだのは、敵地からの牛の略奪に成功した者や、戦役で勲功を上げた勇士、或いはヒョウ、ライオン、ゾウ、サイという主要な猛獣のいずれかを仕留めた豪の者等、武勇に優れた人物だった。しかし、植民地化後、部族間の抗争が抑止され、人口増加に伴って藪地が切り開かれると共に猛獣が植民地政府の手で駆除されてしまった、一九四〇年代後半までには、その基準が劇的に変化した。性格が粗野でないことに加えて、娘たちの一世一代の晴れ舞台である割礼前夜の舞踊で身に纏う華麗な装身具を作り与える資力のある者、つまり大概は何かの定職に就いている者が恋人の理想像になったのである。

いずれにせよ、恋人のいない若者たちの或る者は、恋人の元へと通っていく娘たちを道端で待ち伏せる強姦者に往々なった。しかしながら、恋人が餌食になるのは、一面ではその男性の甲斐性がないからでもあるとされる。昔なら名のある勇者の恋人を狙って襲う者はいなかったし、今日でも威信のある男性の恋人に手を出そうとする者はいない。

8　強姦された女性の自助

キプシギスの女性は、伝統的には、民族の公的な生活から疎外されてきた[9]。慣習法の領域では、今日でもなお、女性は近隣裁判への参加を許されないことを初め、法＝政治的な分野ではほぼ一切の権利を認められていなかった。

しかしながら、女性が男性に制裁を加え得る唯一の制度が伝統的に存在した。それは、「女性の飛礫（つぶて）」（*njoget*）と呼ばれ、一般には、女性のイニシエーション諸儀礼を秘かに覗き見た男性に適用される物理的な制裁なのだが、潔く非を認めようとしない強姦者に対しても行使される場合があった。瀕死の時か、余程酷く侮辱された場合を除いて、女性には呪詛の力がないか、たとえあっても微弱だと考えられた。それゆえ、「女性の飛礫」は、女性が自助のために、呪詛に代わる手段として訴える、集合的で物理的な制裁力だとされている。

例えば、自分が属する年齢組（*ipinda*, age-set）以外の、つまりその上や下の年齢組の者の妻を強姦した者は、いわば母親や娘を強姦した者と見做され、「女性の飛礫」の対象とされることがあった。女たちは勢揃いすると、全員が素裸になり、牛の食べないテベングウェット（*tebenguet*）灌木の枝を槍に見立てて携え、強姦者の家まで隊伍を整えて行軍して行ってその家を打ち壊し、一斉に飛礫をその男に投げつけた。そして、その相手が非を認め、謝罪の証としてよく肥えた去勢牛を一頭差し出すまで、攻撃の手を緩めなかった。ただし、相手が非を認めて謝罪すれば、必ず攻撃の手を止めて許した。自分たちのプライドを回復した女性たちは、出発点の家に戻ってその去勢牛を供犠して、女たちだけの饗宴を持ったのである。

9 儀礼的謝罪――定式化された報復回避策

既婚男性が、「芝土男」以外の仕方で他人の妻を強姦した場合、夫が激怒して加害者を殺害し兼ねない。その危険を察知すると、強姦者は、家族などの代理人を立てて「儀礼的謝罪」（*nyoetap kat*）を行う（小馬 一九八四：六）。代理人は、女性器を象徴するミルク瓢箪とその内部を掃除するのに用いる野生の椰子の葉柄（男性器の象徴）を携えて、夜明け前までに被害者の家を密かに訪れ、戸外にある祭壇（*mabwai*）の基部にそれらを置いて帰って来る。今日では平素祭壇を立てていない家が大部分となったので、代わりに母屋の戸口にそれを置いて帰るのが普通になっている。

やがて朝起き出した家人がそれらの品を発見すると、すぐに独特の鬨の声を挙げて近所の人々を呼び集める。しかし、前述の仕方で儀礼的謝罪が一旦型通りに首尾よく実施されてしまうと、被害者の家族と氏族は即座に怒りを解き、私的な報復を忘れ、事件の解決を求めて近隣裁判の開催を求めなければならない。もし、何時までも私怨の炎を燃やし続けて規範に従わないでいると、今度は強姦者の犯した罪（*tengekto*）の力が被害者の家族や氏族に及んできて不幸な事態が生じると信じられてきた。近隣裁判は、強姦の代償として、加害者が山羊か羊を一頭支払うように命じる場合が多い。

父系氏族外婚制を採るキプシギス民族では、万一同氏族の女性を強姦すると、それは同時に近親相姦を犯したことにもなる。近親相姦だけでも極めて重大な罪であり、違反者は「火」が消える、つまり子孫が授からないし、存命中の後継者にも必ず不幸が見舞うと観念されている。このようなケースでは、加害者の家族は「儀礼的謝罪」のために、ミルク瓢箪の代わりに、牛の頸静脈から飲用に採血する丸歯の小弓（*kaploino*）を「儀礼的謝罪」のために用いる。これは、犯された罪の強度を象徴する行為である。そして、近隣裁判ではなく、加害者側の氏族会議が招集されて、浄化儀礼を恙なく執行するための方策が話し合われる。

また、強姦のいずれの場合も、加害者は事情に応じて近隣裁判か氏族会議の場で集合的に呪詛され、間違いなく暫く後に落命すると信じられている。

二　恋人たちの性愛のマナーの歴史的変化

前節まで、専らキプシギス民族の強姦をめぐる様々な事柄の諸側面を事細かに論じてきた。最初の意図の通り、それを通して、「生きた個人を虜にせずにはいない異性の魅力に纏わる情熱的な、または感傷的な出来事」への読者の想像力がそれなりに広がったことと思う。この節では、それに関連して、これまでほとんど紹介されることのなかった、キプシギスの恋人たちの愛のマナーを取り上げて論じてみたい。

1　誇り高い禁欲

かつての牛牧キャンプで牛を追っていた戦士たちと年嵩の「成年」前の少年たちの住居である「牛小屋」(*kaptich*)の寝床では、戦士は他の戦士や少年たちの目を気にしないで、全裸で恋人と抱擁し合ったし、今日の「息子の小屋」(これも同じく*kaptich*と呼ぶ)でも、年長の「成年」後の息子は、兄弟や近所の若者に少しも気兼ねなく寝床で恋人と抱き合う。

しかし、両者には、性愛のマナーに関して決定的な相違が見られる。少なくとも一九四〇年代までは、恋人同士の性愛のマナーは、次のように厳格なものだった。男性は右脇腹を下に女性は左脇腹を下にして、対面して側臥する。[10] 女性の両太股は、男性の太股の内側に挟み込まれる。そして、男性はペニスを膣口に当てるか、または女性の両太股の間に挟み込み、女性に彼女の腰を揺すらせる。キプシギスの女子割礼の具体的な内容は陰核摘出（clitoridectomy）であるから、イニシエーション＝割礼前の娘は、この行為だけで十分に性的な快感を享受できるのだと考えられている。

少女たちは、イニシエーションの最初の儀礼行為である割礼を受ける日の前夜から当日の夜明けまで、口に咥えたホイッスルを吹き鳴らし、両の膝に結わえ付けた木通（あけび）の実の形をした鉄製の複数の鈴を揺り鳴らして、幾時間もの間腰を激しく前後に振りながら陶然と歌い、且つ踊り続ける。その様は、恋人との性行為を舞踊として様式化したもののように思える。少女は、この一連の踊りの或る場面で、自分の両手で恋人の両腕を取り、彼の目を見つめ、彼に向かって腰を振り、突き上げながら、彼を讃えて声高らかに歌うのである。

男性は、決してペニスを恋人の膣に挿入してはならなかった。キプシギスの「処女性」の定義は、物理的に見て処女膜が損なわれていないことである。娘たちがイニシエーションの幕開けに割礼を受ける前日の昼間、「塩場（*ng'enda*, salt lick）へ行く」（*kebendi ng'enda*）という儀礼がその確認のために執行される。娘たちは、近くの水場へ連れて行かれ、母親を初めとする沢山の成人女性が見守るなかで、イニシエーション全体に責任をもつ「教導師」（*motiriyot*）の手で処女膜の状態を念入りに調べられる。その判定は、全て「教導師」に委ねられていて、異議申し立てはできない。検査が終わると、娘の両頬、両脚、および両方の乳房に白い塩土（*ng'enda*）で十文字が描かれる。しかし、処女と判定されなかった娘の両脚には十文字が描かれないのである。

次いで、「儀礼の家」の庭にある（聖なる四種類、四本の木で構成される）祭壇の基部に置かれていて、三本脚で中央部が窪んだ円盤状の座板を持つスツールの座板の窪みに牛乳がなみなみと注がれ、処女と認められた娘たちがそのスツールに順番に腰を降ろす。もし「教導師」の判定に誤りがあり、非処女が腰を降ろすと途端にスツールが裂けて砕ける、と言われていた。

また、イニシエーション儀礼のための隔離期明けを画する儀礼では、処女には、牛皮製の襷に括り付けた「処女のベル」を肩から下げる特典が与えられた。またその後、結婚式のために実家から婚家へ向かう時に、その道中で「処女のベル」を身に付けることができた。つまり、このようにして彼女の結婚前の性的な振る舞いが人々に象徴的に周知されたのであって、「処女のベル」を身に纏うことが娘の家族と夫の家族の誇りとされていたのである。

2　処女膜を破った者と破られた者の定め

一九六〇年代までには、処女性は実質的な意味をほぼ失い、「処女のベル」を用いる習慣も廃れたが、それ以前は、娘の結婚とその後の人生を左右する重要な条件の一つであった。

ペニスを仮にも挿入した男は、愛想をつかされて、即刻恋人に去られたという。そればかりではない。処女を奪われた娘は、女たちが集まる最寄りの機会にその男の蛮行を披瀝して告発したので、女たちの彼に対する信用が地に落ち、彼の性生活が少なくとも部分的に破綻した。彼の自制を欠いた行為が恋人の矜持と将来を打ち砕いた、いわば一種の強姦と見做されたからである。

恋人を孕ませてしまった男性が、一層酷く軽蔑され、非難されたのは言うまでもない。娘は割礼を受けていない以上、子供を産むことは許されなかった。彼女の陣痛が始まると、老女たちが藪地に連れ出した。そして、赤ん坊が生まれると、まだ産声を上げない内に、予め用意された牛糞で素早く口を塞いで窒息させたのである。

その直後に産婦の浄化儀礼が執行された。まず、娘を孕ませた男性が犠牲にされる牡羊の後半身を、出産した娘が前半身を抱いて、二人で窒息死させる。次に、牡羊の腹を割いて胃袋を取り出し、胃袋を切り割いてその未消化の内容物（*eiyat*）を取り出す。そして、その娘と「教導師」の全身に塗りたくったのである。こうして浄化儀礼が済むと、産婦は地面に点々と撒かれたその牡羊の胃の内容物を踏んで実家へ帰った。まだ穢れた存在であるその娘の足が直接地面に接すると、牛の食べ物である草が枯れるからだとされていたのである。

割礼前に出産した経験のある娘は、今日でも結婚について大きなハンディを負う。若者や壮年男性が求婚することは望めない。息子（或いは子供）を産まなかったか、息子たちに先立たれて閉経し、「火」が消えかかっている老女が若い娘を娶る「女性婚」(woman marriage, woman-to-woman marriage) で「嫁」となるか、さもなければ酷く年老いた男性の何番目かの妻になるのが、ほぼお定まりの人生コースだった。時代を遡る程忌避される傾向が強く、結婚を諦め、町に出て売春婦になることが少なくなかった。

3　忘れられた禁欲の伝統――未婚の母なる女子小中学生

しかしながら、近代化と共に、殊に学校教育が普及した中央部や北部の先進地域では、一九七〇年代後半までには、恋人たちの性愛のマナーがすっかり変化してしまった。完全な性交を拒む昔風の娘は男の誰からも相手にされなくなったのだ。そして、娘たちは不実で無責任な男性たちの餌食となり、出産や流産を繰り返すことが珍しくなくなった。やがて、教育の一層の普及に伴ってどこでも、シングル・マザー問題が深刻な問題として急速に浮上したのである。

一時期筆者の現地調査を手伝ってくれたオーグスティン・ンゲノは、伝統的な地域であるソト地方南西部出身だが、近代化の進んだブレティ地方の中学校を一九八〇年代前半に卒業した。[11] その中学校の同学年には、約三〇人の女子学生がいたが、ンゲノの驚いたことにはその全員が一~四人の子供の母親だったと言う。その内の幾人かは酒の味を知っていたし、子供の養育費を稼ぐために時々(トウモロコシを原材料とする伝統的なビール〔*maiywek*〕を)蒸留した酒(*changaa*)を密造して売っていた。彼女たちが産んだ子供たちは、彼女たちの両親や兄弟に歓迎されず、むしろ疎まれていたからである。

女子中学生たちは、大概学業成績が思わしくなく、就職に希望が持てなくなると、結婚相手を確保しておこうとして進んで男に身を任せる。そして、大抵はすぐに妊娠して男に捨てられ、やがて子持ちとなって逆に結婚が難しくなり、子供の面倒をみるのでますます学業が疎かになる……という悪循環に陥っていくのだ。小学生でさえ例外ではない。[12] これが、ンゲノたちの経験談である。

当時、ンゲノたち貧しい家の若者たちもまた、明らかに学校教育という近代的制度の犠牲者だった。「学歴エスカレーション」に取り残された若者たちの多くが、父親の世代の知らない、ケニア全国画一の絶対的な尺度(全国一斉卒業試験)の評価で落伍者の烙印を押され、挫折と屈辱を味わわされていた。その挙句、就職の機会から見放され、ともすれば酒と性の放縦とに心の憂さの捌け口を求めがちだった。ンゲノの世代の恋人たちの性愛には、底抜けに磊落闊達だった彼等の祖父母の世代が示した、愛ゆえの自制と矜持の名残も見出せなくなっていた。

こうした状況の淵源を辿れば、一九四〇年代に動かしがたいものとなった、近代化に伴う社会環境の大きな変化に行き着く。先ず、民族間の紛争は強く抑止されたし、猛獣たちは毒殺されてほぼ姿を消していた。囲い込みと私有化によって土地の細分化が進んだ。また植民地政府の命令で牛牧キャンプが廃され、年長の少年たち（牧童）や牛群を敵や猛獣の攻撃から守る戦士たちは、伝統的な社会機能を喪失してしまった。こうして各戸のホームステッド内で飼われることになった牛の搾乳は、次第に女性の手に移る。そしてまた、キプシギス民族のこの農牧民化の過程で、女性が徐々に経済分野に進出して行った（Komma 1984）のである。さらに、キリスト教ミッションの経営する学校や教会は、キプシギスの伝統文化の肯定的な側面を正当に評価することなく、その全面を否定する傾きが極めて強かった。こうした近代化過程で自ら拠って立つべき価値基準を見失ってしまい、心理的な鬱屈を胸中に畳み込んだ若者たちは、次第に刹那的な享楽に今を忘れようとするようになって行ったのだった。

三　禁じられた性愛の諸相

ところで、キプシギスの人々が正当として認めてきた伝統的な体位は、男性が右脇腹を下にして女性と対面する側臥位だが、やがて正常位もまた正当な体位として認められるようになった。対面立位は、変則的な屋外での行為として採られることもあるが、屋内では禁じられる。そして、これ以外の体位は忌避されてきた。中でも、後背位は獣的なものとして最悪視されている。そして、禁じられた体位で交わると家族の誰かが死ぬと言われていた。

1　触れてはならない部位

寝床でどのような体位を採ろうと、また日常のどのような場面であろうと、絶対に行ってはならないとされる或る行為がある。それは、男性が女性の乳房、女性器、または踵に触ること、また逆に、女性が男性のペニス、陰嚢、睾丸、または顎に触ることである。[13] 踵が禁じられ部分であるのは、「女性器の蓋」、つまり女性が跪坐した時に陰門を塞ぐ部位だからだと言う。一方、男性の顎はそれ自体が（丁度日本の言霊のごとく）独立した超人間的な力でもあるとされる言葉の出所である口と強く関連付けられていて、顎に手を触れることは女性が男性の言動に干渉することを象徴する。なお、屠殺・解体された牛、山羊、羊のそれら特定の部位の肉は、決して異性が食べてはならないとされてきた。

男女が喧嘩の最中にそれらの部分を掴んだのであれ、性交中に誤って触れたのであれ、それらの行為に及んでしまえば、浄化儀礼が滞り無く執行されるまで、二人は性行為をしたり、男性は相手の女性が作った料理を食べてはならない。さもなければ二人とも「火」が絶える（生殖能力を失う）と、今でも保守的な老人たちは信じている。

意図的に上記の部位に触れられた妻（または夫）は、近隣裁判に告発することができる。その場合、長老たちは、それが常習的でなければ二人を和解させ、浄化儀礼の執行を勧告する。そして、浄化儀礼では、加害者が被害者の当該部位に自分の手でバターを塗ってから謝罪するのである。

さらに、男性が女性器を覗き見たり、その部分を「冷たい（*kaitet*）[14]」と評することは最悪の冒涜行為とされ、それが夫婦間のことであれば子供たちが死に絶え、その後妻が不妊になると信じられ、恐れられた。

2　ペニスを掴まれた強姦者の運命

しかし、以上に述べた事柄は、女性が強姦者に反撃する際に生じた場合には、一切当てはまらない。（旧原住民保留地側の）チェプレルウォ村に住むコイベイ・カリアは、深夜、同村のチェセンゲニィ家の母屋に押し入ろうとして、土壁の脆い部分に、男性がかろうじて潜り抜けられる程度の穴をゆっくり時間をかけて開けた。その微かな物音を聞きつけて目覚めたチェセンゲニィの妻は、カリアが先ず片足を穴に突っ込んで屋内に忍び込もうとしたその瞬間、カリアのペニスを鷲掴みにして、「お戻り！」と一喝した。カリアは突っ込んだ片足を引き抜こうとしたけれども、彼女は逸物を放さずに捩じり上げ、叫び声を上げて村人の助けを呼んだ。駆けつけてきた村人に質されたカリアは、寝る場所が欲しかっただけだと強弁したが、冷笑されて白状した。それでやっと許されて放免された。

このように、強姦や盗みを犯すべく屋内に押し入ろうとする男のペニスを女性が掴んで抵抗するのは非難に値せず、それゆえに浄化儀礼を執行する必要もない。しかし、したがって犯人のペニスは浄化され得ず、その結果、長生きできないと信じられている。

3　肛門性交——夫婦の場合

肛門性交は（少なくとも今日では）厳しい忌避の対象であり、万一、夫が妻に強要すれば、強姦に相当する罪になり、妻が近隣裁判で離婚を請求する正当な根拠となる[15]。
カムゲノ村に隣接するカプスィオンゴ村のレイティッチの妻は、一九八〇年代中頃、夫が自分に肛門性交を働いたとして告発し、近隣裁判が開かれた。審理は、概ね次のように進んだ。

長老の一人：「あれは何処を貫いたのかな。前かな、後ろかな？」
妻（原告）：「まず前を貫いてから、ゆっくりと動いて行って、後ろを貫いたわ」
長老の一人：「あんたは、（肛）門の手前であれを掴めたはずじゃがな」
妻　　　　：「そうしようとした矢先に、夫が私の乳房に噛みついたのよ」
長老の一人：「それじゃ、あれはちゃんとあそこに納まって射精したんじゃな」
妻　　　　：「ええ、そうよ」
長老の一人：「かみさんの言うとおりかな？」
夫（被告）：「わからんよ。何しろ酷く酔ってたんだ……」

長老たちは、あれこれ長考した末、酔漢のペニスは柔らかくて、とてもその所業の役には立たないと結論して、妻の離婚請求を退けた。そして、その後程なく彼女が再度夫を同じ容疑で告発すると、村の長老たちは妻の不倫を強く疑った。そこで、長老たちは集団的な呪詛の儀礼（*chubisiyet*）を行い、もしレイティッチの妻の告発が偽りなら彼女が落命するようにと呪詛した。それから遠からぬうちに、彼女は命を落とした。

4　同性愛および獣姦

女性間の同性愛は、田舎、特に高齢者の間では全く知られていない。ただし、寄宿制の女子中学校では、ままその例が知られている。

なお、「女性婚」は純粋に息子のない老女の財産相続や福祉に関して父系制を補完する一制度であって、同性愛には全く関係がない。

肛門性交は、「稗を掘る」(*kebal* [*-ge*] *bai*) と表現される。肛門は、植民地化に伴ってトウモロコシが導入される以前の主食であった稗の「出口」だからこの表現がなされるのだと言う。

一九二一年に開設されたマイナ年齢組 (*ipinda*, age-set) の内の、一九二九年に開かれた第四小組はスィロバイ (*Silo-bai*) と命名された。スィロバイとは「稗」(*bai*) を「引っ掻く」(*silo*) の意味であり、「稗を掘る」の婉曲表現である。当時、男性は現在より遥かに高齢の二十歳代の初めにイニシエーションを受礼し、その諸儀礼執行のために二年間藪に建てられた割礼小屋で共同生活を送った。それで、この隔離期間中の禁欲に耐えかねた者が強姦的な肛門性交に訴えてしまったと言われている。こうした事情から、事態は必ずしも深刻視されなかったものの、その後暫くのあいだ「ハロー、スィロバイ、ハロー、レロ……」という俗謡が流行った。レロは、犯された若者の名前である。

キプシギスの人々の間には、隣に住む東ナイル語系のマサイ民族の、戦士階梯にある者同士の間に広く見られるような男性間の肛間性交は知られていない。ただし、ごく稀には見られる。それは、男たちが泥酔して雑魚寝している内に誰かが強烈な性欲を催し、酔いに任せて熟睡中の誰かを犯すことで始まることが多いのだと言う。

また伝統的に、牛や山羊・羊を犯すことも、肛門性交と同じく「本性に悖る所業」(*sogornatet*)であるがゆえに、その穢れに対しては浄化儀礼をなし得ないと言われてきた。

おわりに

以上、キプシギス民族の伝統的な性愛のあり方を、敢えて主に強姦をめぐる男女関係に焦点を絞り込む形で素描してみた。人々を結び付けて社会関係を基礎付ける根源的な力であると同時に、既存の社会秩序を突き崩して奔走する非合理な力とも成り得る性愛が、時と場に応じて作用する諸過程の記述と分析を通じて、キプシギスの民族社会のあり方を内側から理解しようとする筆者の試みは、それを個々人の具体的な経験に十分に深く則して展開できたとは、とても言えないかも知れない。

しかしながら、一つの民族社会の日々の暮らしの偽りのない実相を理解するうえで、この方向の研究が、如何に困難であろうとも不可欠であることを、曲がりなりにも例証できたのではないかと思う。

《注》

(1)筆者は、南ナイル語(=高原ナイル語)の話者であるカレンジン民族の最大の構成要素であり、且つ最も南に住むキプシギスの人々の間で、一九七九年以来、三八度の参与観察手法によるフィールドワークを実施してきた。キプシギス民族は、互いに隣接するケリチョ(北部)とボメット(南部)の二つの県(county)に住み、その人口のほとんどを占める。筆者の長年の現地調査地は、後者の西部地域の一角に位置する。

(2) 或る「芝土男」は、この危険を避けようとして、或る日戸外から地面を少しずつ掘っておいて、或る母屋の内側に侵入した。だが、不運にも炉の真下に出てしまって、大火傷を負った。

(3) 女性の（割礼を伴う）イニシエーション諸儀礼の内容は、結婚生活に堪えられる心構えと実際的な生活の知識・技術を教えることに重点が置かれていて、一連の諸儀礼を無事終えると、間もなく婚約のための「契約（*koito*）」儀礼を経て婚出するのが通例だった。ただし、ケニア政府が女子のイニシエーション、特に割礼（clitoridectomy）を禁止して取り締まるようになった一九九〇年代後半から、受礼者が大幅に減った。ただ、辺鄙な土地の伝統主義者（非キリスト教徒）の間では、現在でも実施されている。

(4) ボメット県のほぼ南半分に当たる地域。植民地化以前は、キプシギス民族の土地を構成する三地域の内の最南に位置する地域だった。キプシギスに隣接するバントゥ語系のグシイ民族由来の氏族が多数存在する等、北のベルグート、ブレット両地方とやや異なる地域特性がある。

(5) キプシギス語では「相続」（*kiindi*）と呼ばれる制度で、文化人類学の概念ではレヴィレート（levirate）に相当する。

(6) 「芝土男」が守るべき「作法」を忘れて暴力的に女性を犯そうとする時に「黒い火の男」になるのだとする説明も行われている。本書では、両者を同一の概念として取り扱っている。

(7) キプシギスの男たちのシニカルな女性観の一端は、本章第三章参照。

(8) 「息子たちの（寝）小屋」は「牛の小屋（*kaptich*）」とも呼ばれるが、スィンギロイナ（*singiroina*）と呼ばれることもある。

(9) ただし、現代の政治制度に関しては、国家・地方のいずれの次元でも二〇〇〇年代から女性の進出が進んでいる。二〇一七年八月の総選挙では、国会の副議長を努めた女性国会議員がボメット県知事に当選し、この総選挙で誕生したケニア最初の三人の女性県知事の一人となった（小馬　二〇一八）。

(10) これは、男性が（穢れた存在とされた）女性に触れるのに左手を用いるための体位である。かつて死体を藪地に遺棄した時代にも、また死体を地中に埋葬する今日でも、男女の死体は性交時に採るのと各々同じ体位で横たえるのが決まりである。因みに、「穢れた物」は、常に左手で取り扱う。

(11) ケニアの教育は、一九八五年から「八・四・四」制を採っているが、ンゲノの時代は「七・四・二・三」制で、彼は四年制の中学校を卒業した。

(12) ただし、当時就学年齢は一般に高く、女子の場合は特に高かった。また、家事手伝いの重圧から女子の成績は振るわず、途中退学が目立った。また、休学と落第を繰り返す女生徒が多く、その結果、同学年の女子生徒の平均年齢は男子生徒よりもかなり高くなり、性的に成熟した者が少なくなかった。

（13）女性の乳房も男性の陰嚢も共にキネット（*kinet*）と呼ばれ、精液（*kaseranik*）は乳汁を指すチェーガップ・キナ（*chegap kina*）の語でも呼ばれる。

（14）「冷たい」とは、世代を繋ぐ生命の流れを意味する「火」の力が弱いことであり、この行為は一種の呪詛になると考えられている。これからも、キプシギス民族の言葉の力（「言魂」）に関する観念の一端が窺える。

（15）男性（戦士）の間の肛門性交については、第七章参照。なお、かつてキプシギスでは、必ず数頭の牛を婚資として支払う慣行があり、その結果離婚は極めて困難だった。離婚に際して、婚資、つまり夫側が支払った牛とその子孫全体を妻側の家族が返還しなければならないからである。ただし、二〇一〇年代頃から、婚資の支払いの額が逓減し、必ずしも支払いが求められない場合も見られるようになった。それは、反面では離婚が容易になってきたことを意味している。

《参考文献》

Komma, Toru (1981) "The Dwelling and Its Symbolism among the Kipsigis", Nagashima, N. (ed.), *Themes in Socio-Cultural Ideas and Behaviour among the Six Ethnic Groups of Kenya*, Tokyo: Hitotsubashi University, pp.91-123.

Malinowski, B. K. (1962〔1929〕) *The Sexual Life of Savages in North-Western Melanesia: An Ethnographic Account of Courtship, Marriage and Family Life among the Natives of Trobriand Islands*, New York: Harcourt Brace.

Orchardson, I.Q. (1961) *The Kipsigis*, Nairobi: East African Literature Bureau.

Peristiany, J. G. (1937) *The Social Institutions of the Kipsigis*, London: Routledge and Kegan Paul.

小馬　徹（一九八二a）「キプシギス族の〝再受肉〟観再考」『社会人類学年報』第八号、一四九—一六〇頁。

小馬　徹（一九八二b）「ケニアのキプシギス族における女性自助組合運動の展開」『アフリカ研究』（日本アフリカ学会）第二二号、一—九頁。

小馬　徹（一九八三a）「牛牧民カレンジン——部族形成と国民国家」『季刊民族学』第二五号、三二—四五頁。

小馬　徹（一九八三b）「災因としての死霊と妖術」『一橋論叢』第九〇巻第五号、三三二―四五頁。
小馬　徹（一九八四）「超人的力としての言語と境界人としての指導者の権威」『アフリカ研究』（日本アフリカ学会）第二四号、一―二四頁。
小馬　徹（一九八五）「〝女の知恵〟を買う話」『通信』（東京外国語大学アジア・アフリカ言語文化研究所）第五五号、一一頁。
小馬　徹（一九八七）「キプシギスの〝火〟のシンボリズム」和田正平（編）『アフリカ――民族学的研究』同朋舎出版、三―四八頁。
小馬　徹（二〇一八）「キプシギス人の『ナショナリズム発見』――ケニア新憲法と自生的ステート＝ナショナリズムの創造」永野善子（編）『帝国とナショナリズムの言説空間――国際比較と相互連携』御茶の水書房、二〇四―二三五頁（印刷中）。

第三章　父系の逆説と、「女の知恵」としての私的領域

――キプシギスの「家財産制」と近代化

はじめに

ケニアの父系の諸民族では何処でも、女性の活動の場は、かつては専ら家内的な領域に限られていた。女性には、共同体の公的な運営に直接関わる法＝政治的な権利はもとより、財産権もほとんど認められていなかった。それは、結婚（＝女性の交換）を媒介とする諸氏族同士の団結によって民族（部族）の統合を達成し、維持する政治原理において、男性が氏族間のその交換の主体として公を司り、女性はその客体として公に服する立場に置かれていたからである。

植民地時代初期の部族生活を超えた活動領域においても、女性の法＝政治的な地位は基本的には変わらず、自らの判断で商品作物を栽培したり、或いは農作物を売却したりする権利を当初は持てなかった。男性だけが植民地経済と直接的な関わりを持ち、伝統的な民族社会は、主に男性の活動を経路として市場経済に徐々に取り込まれていったのである。

慣習法は、相変わらず、現在でも女性が伝統社会の法＝政治的領域へ参入することを理念上認めていない。しかし、どの民族でも実際の事情は既に大きく異なったものになっている。例えば、「マーケット・

ママ」と通称される沢山の女性たちが、野菜や果物や穀物の、時には古着等の小商人として参入し、地域の大小様々な規模の青空マーケットを動かしているのは、偶々そこを通り掛かった旅行者の目にすら明らかだろう。さらに、女性たちは諸々の形態と機能を有する自助組合組織を自ら形成したり、或いは両性に開かれた各種の別の互助組織にも参加して、日々旺盛に社会・経済活動に従事している。こうして現実には、女性たちは、小商いや自助組合組織への参加を有力な媒介項として、伝統社会の領域でも政治的な影響力を確実に発揮し始めている。国民国家ケニアにおける諸民族の女性のあり方を内側から理解するためには、このような庶民的な次元での歴史的な事実を見逃してはならない。

しかしながら、それぞれの民族社会で女性たちが、歴史的に何時いかなる形で市場経済に参入し始めたのか、またそれを可能にした社会・経済的ならびに歴史的な要因と過程がどんなものだったのか、或いは今日女性が実質的にどの程度まで組織化された政治的影響力を振るおうとしているのか、さらには諸民族の間でこれらの事情がいかに、また何故異なっているのか等々は、まだ十分には究明されてはいない。

そこで、キプシギスの伝統的なジェンダー観と複婚家族、特にその「家財産制」(house property system)に固有の構造的特性を記述し、分析して、これらの事柄の根幹に関わる諸要素を幾分でも詳らかにしてみたい。これが本章の目的である。

一　キプシギスの社会と文化

ここで取り上げるキプシギス人は、西南ケニアの赤道直下から南に広がる標高一五〇〇~二〇〇〇メートル程のサヴァンナの高原地帯に住む農牧民である。かつては、シコクビエやコウリャンの粗放な焼畑耕作を副次的に行う、牛牧の民であった。彼らの話すキプシギス語は、南ナイル語(高原ナイル語)群に属するカレンジン諸語の内の一つである。[1]

1 民族と地域の概況

キプシギスの人々の居住地は、年間約一五〇〇ミリメートルの降雨に恵まれ、土地も肥え、農牧業に適している。このため、英国植民地時代にはほぼ領土の半分が英国王領地として奪われ、ホワイトハイランズと呼ばれた白人入植地に組み入れられた。一九六三年のケニア独立に際して政府が白人入植地を買い戻し、失地はほぼ回復された。一九九〇年代を見ると、平均的な所帯(核家族、*v. i.*)の農地面積は、旧キプシギス土着民保留地(通称「リザーブ」)では数エーカー、長期ローンを組んでアフリカ人の再入植が図られた旧白人入植地(通称「スキーム」)では二〇~四〇エーカーとかなり大きいが、世代を追って極めて急激に細分化が進んでいる。

キプシギスの人々は、九〇パーセント以上が旧ケリチョ県(Kericho District)に当たる地域に住んでおり、同地域の人口の約八五パーセントを占める。一九九二年の推計では、旧ケリチョ県の人口は一〇〇万を超えた。同県は同年に二分され、北部と中央部北側がケリチョ県、南部と中央部南側がボメット県(Bomet District)となった――その後紆余曲折を経て、二〇一〇年に公布された新憲法下で、各々ケリチョ県(Kericho County)とボメット県(Bomet County)に再編された。

相対的に標高が高くて涼しく、また雨量の多い旧ケリチョ県北部と中央部では、植民地時代初期から白人入植者と国際資本によって、大規模な茶園が開かれた。そして、ルオ人やギクユ人など特に人口圧の高い近隣の農耕諸民族から、大量の労働者が茶園に導入されたのである。

トウモロコシの栽培は、慢性的な飢餓の解消、ならびに人頭税や小屋税の支払いのための方途として植民地政府によって半強制的な形で奨励されたのだが、一九三〇年頃までは或る文化的な原因のゆえに普及が遅れた（小馬　一九九三：一四―一五、二一―二三）。一九三〇年代には、移入労働者やケリチョの町の住人の主食となるトウモロコシの大きな需要が引き金となって、去勢牛を使う犂耕による商品生産的なトウモロコシ栽培が急激に普及するが、それと共に土地の囲い込みが燎原の火のごとく広がり、一九五〇年代までには全土の隅々に及んだ[2]（小馬　一九八五ａ：二一―二八）。

今日、ケリチョ県では、大型農業機械を備え、雇用労働に依存して茶やトウモロコシを栽培するキプシギス人の大規模農家も珍しくなく、明瞭な社会階層化が見られ、農業と牧畜の家計に占める比重はむしろ農業の方が大きくなっている。このため、かなり以前から、牧地の不足を補う牛の畜舎飼いも始められている。ケリチョ県は、ケニアではかなり大きな行政＝経済センターの一つであるケリチョの町を擁し、また国際資本による大規模な茶園も多いので、農牧業以外の雇用機会にも恵まれている。

一方、筆者の調査地であるボメット県、特にその南西部は強酸性土壌が卓越し、茶の栽培に適さない土地が大部分を占めている。ケリチョ県に比べて貧しく、家族労働に依存する農業は自給的で、大概は農業機械を導入していない。トウモロコシ栽培も大半が自家消費され、現金収入は放牧による牛の増殖と牛乳の販売に依存する傾きが強い。また、農牧業以外の雇用機会はマーケット（商業センター）の店番等、極めて零細な生業に関するものに限られ、他民族の住民は極めて少ない。

一所帯当たりの農地面積は、ボメット県でも、リザーブとスキームとではかなり大きな開きがある。ただ、この地方では家内労働に依存する労働集約的な自給農業がほとんどであり、土地所有の格差はトウモロコシ栽培の規模に関しては、まだ大きな差異を導いていない。一方、農地面積は放牧可能な家畜数を規定するので、現金収入の主たる源泉である家畜飼養の規模に関して、明確な階層差を生んだ。だが、伝統的な家畜預託制度を通じて、両階層間に相互依存的な新たな関係性が形成され、それがある程度まで生活水準の平準化に資している（小馬　一九八五ａ）。これらの事情から、世帯間の所得格差はケリチョ県に比べるとずっと小さいと言える。

2　社会組織と政治構造

民族としてのキプシギスは、多数の規模の小さいトーテミックな父系外婚氏族の連合体である。氏族は、分節リネージ構造を成さないし、また特定の集合的な居住地も持っておらず、家屋（小屋）は各所帯の敷地の各所に散らばって建てられている。一九三〇年代頃までは、民族全体を単一の枠組みとして氏族を横断して形成される年齢組織が、社会構造の中核を成していた（小馬　一九九五ａ：二四九―二五四）。キプシギス民族の年齢組織では、名称の固定した七つの循環的な年齢組と、三つの年齢階梯（少年、戦士、長老）とが複合されており、その複合体系が民族の忠誠ならびに世代的アイデンティティの焦点となっている。年齢組は、加入礼を契機としてほぼ十数年間隔で結成される。

年齢組体系は、かつては氏族・年齢組織・地域のいずれをも横断して構成される四つの軍団組織とも連動していた。戦士階梯にいる年齢組は、強力な軍事組織としても有効に機能したのである。今日では、男性は十二歳頃から、女性は十五、六歳頃から割礼を伴うイニシエーションを受ける――ただし、女性の受礼率は、一九九〇年代に国家の禁止命令を受けてから急速に低下した。イニシエーションは、今日でも男性個人が民族的なアイデンティティを得る必須の契機であり、同年齢組の組員同士は共体性を有するのみならず、神秘的といってよいほどの極めて強い情緒的な一体感で結ばれている。

年齢組に基づく「世代」は、婚姻規制の一つの重要な枠組みでもある。しかしながら、年齢組体系の実質的な社会的機能は、今では大幅に減退してしまった（小馬　一九九五ａ：二六三―二六七）。なお、女性は原則的に加入礼を済ませた直後に嫁ぎ、夫の年齢組の名誉成員と見做されてきた。だから、女性の年齢組は一時的な擬制であり、実質的には昔から女性独自の年齢組を持っていなかったと言える。[3]

伝統的に、キプシギスの基礎的な社会単位は、*kokuet* と呼ばれる散居形態の近隣集団であった――以下では、これを（便宜上）「村」と呼ぶ。十数戸ないし数十戸からなる村は、成人男子全員で構成され、司法権を持つ「村の裁判」、ないしは「寄り合い」（*kirwoget*）と呼ぶべき会合によって村の運営を方向付けたばかりでなく、村内のあらゆる所帯の家族問題全般に積極的に助言を与え、進んで介入した。村は、以前と同様、寄り合いの議長であると共に日常生活の助言者である正副二人の「村の長老」（*boiyotap kokwet*）を持っている。「村の長老」は、個人の能力によって自ずと頭角を現して選ばれたが、飽くまでも日常生活次元の指導者である。村には、他に攻撃戦や牛の略奪に責任を持つ「戦士の長」（*kiptaiyatap murenik*）がいた。

また、幾つかの村を含む適当な広さの地域には「加入礼の長老」（*boiyotap tumdo*）ならびに「軍団の長」（*kiptaiyatap boriosiek*）がいて、生活の諸次元での権威を分有していた。この他に、「助言的裁判官」ないしは「調停者」(*kiruogindet*)が一層広い地域に一人づついて、村内の容易に解決し難い裁判や、当事者が複数の村に跨がる裁判を取り扱う寄り合いに招かれては、経験則による幅広い知恵を披瀝して適切な助言を与えた。村は基礎的な社会組織であると同時に、実質上は最大の実効的な社会単位でもあったが、その価値意識を小さな利害の対立を超えて民族全体の価値観へと架橋するうえで、この役職は不可欠の機能を果していたのである(小馬 一九九四)。

以上の役職者は誰もが無給であり、特別の財産も、また担当する特定場面を超えた権力も持っていなかった——なお、「戦士の長」以外は、長老階梯にある年齢組から選ばれた。ただし、彼ら、特に「助言的裁判官」(調停者)の特定場面での権威は大きかった。また、長老階梯の人々は、祖先に近い存在であるがゆえに強い呪詛の力を持つと信じられており、この信仰が社会的制裁の基盤とも鍵ともなり、人々の倫理規範を背後から大きく支えていた。殊に村の長老たちが総出で行う集合的な呪詛は、相手に確実に死をもたらすと信じられ、各種の役職にある者たち、特に「助言的裁判官」の権威に対抗する有効な集合的力としてその行動を効果的に規制してきたのである[4](komma 1992、小馬 一九八四)。

二 人口・居住空間と政治構造の歴史的変化

1 政治構造と男性の権威

「戦士の長」、「軍団の長」、「助言的裁判官」、殊に前二者は、植民地化後に比較的早く姿を消した。だが「村の長老」は、今日でも実際的な権威を或る程度は温存し、無給の名誉職として実質的に国家行政の末端に組み入れられてもきた。即ち、次のような事情がある。行政首長と同副首長は、植民地時代の首長やヘッドマンと同様、スワヒリ語でバラザ（*baraza*：原意はベランダ）と呼ばれる裁判機能を兼ね備えた寄り合いを開く権限を持っている。彼らは、村の生活にも助言を与えるなど、時には「村の長老」の権威や裁判機能を兼ね備えた村の寄り合いの権威に介入し得る。だが管轄領域が広大過ぎる事情もあり、実際には概ね後者との協調（と妥協）が図られ、村レベルの日常的な出来事に関しては、村の寄り合いの決定をもってバラザの決定とする認知を与えるのが普通である。特に、国家法に則って裁判所で民事訴訟を起こす場合には、こうした「判決」を既に得ていることが、訴訟が受理される前提条件となっている。このように村の自治は変化しながら今でも生き続けていて、その結果、長老を初めとする男性の権威が制度として或る程度まで温存され、国家の行政・司法がそれに支持を与えているのである（小馬　一九九四）。

2　居住空間の構造的変化と人口爆発

キプシギスでは、伝統的な婚姻後の居住規則は新処居住（neo-locality）であったが、土地が急速に囲い込まれると共に希少化した一九四〇年代以降は、父方居住（patri-locality）の傾向が年々強まった。かつては典型的な多産多死社会で、家族の存続・維持のために一夫多妻婚が理想とされていたが、今日、二〇―三〇歳代の若年層では単婚が一般的で、複婚は稀になっている。

ところで、キプシギスの人口は一九二〇年には七万一〇九一（Barton 1921: 45）、一九三〇年代後半では推定約八万（Peristiany 1939: 1）であった。一九四八年の国勢調査では、それが一五万七二一一（Huntingford 1953: 40）と倍増している。実は、この間に土地の囲い込みが急速に進行したのだが、居住形式にも次のような劇的な変化があり、その両方が人口爆発の重大な下地となった。

一九三〇年代初めまでは、家族員は標高が高く雨量の多い地域（*mosop*）に作られる母村の「母屋」（*kotap mosop*）と、それから半日ないしは一日行程の所にあるやや低くて乾いた地域（*soin*）に設営される牛牧キャンプの小屋（*kaptich*）とに分住していた。母村には、長老、女性、子供、ならびに少数の既婚の戦士が住み、女性が雑穀を栽培し、年少の子供たちが山羊・羊を飼養していた。他方、標高が低くて幾分乾燥気味の土地（*soin*）に設ける牛牧キャンプでは、割礼前の年長の少年たちが牛を追い、未婚の戦士たちがその少年たちと牛群を敵と野獣から守っていた。割礼前の年長の娘がこの間を定期的に往復して、穀物粉を牛牧キャンプへ、また牛の血と乳を母村へと送り届けていた（小馬　一九九一：二八）。

年長の娘が一人の戦士と固定的な恋人関係を結び、牛牧小屋で、体内射精を伴わない性交渉を持つのが民族の規範的な性慣行であった。だが、英国植民地政府は、これを不道徳な慣行であると声高に非難し、牛牧キャンプの廃絶に躍起になり（Peristiany 1939: 4-5）、圧倒的な武力を背景として迅速にそれを実現した。

ただし、植民地政府の狙いを単純に道徳政策と見做すのは適切ではない。周囲の農耕民から牛を略奪するのは、牛牧民であるキプシギスの「生業」として「正当な」伝統であった。英国植民地政府は、キプシギス人の牛の略奪を抑止すると共に、彼らの軍事力の絶対的な基盤である年齢組体系から軍団機能を骨抜きにすることを確実に狙っていたのだ。

また、これに加えて、ケリチョの町の住民や茶園労働者に主食として供給するトウモロコシを確保するためにキプシギスを是非とも農民化したい、という経済的な動機も決して無視できない。実際、白人入植者をロール・モデルとし、キリスト教ミッションが資本主義擁護の立場から推奨する牛による犂耕と土地の囲い込みを始めさせようと努めた。さらに、それを梃子として土地を私有化を実現しようとする野心的な若者層の新しい動きに対して、植民地政府は、法＝行政的側面からも積極的な支援を与え続けたのであった（小馬　一九八五ａ：一六―三二）。[5]

こうして、牛牧キャンプは、一九三〇年代後半までには完全に姿を消す。この結果、娘たちが加入礼を受ける年齢が二十～二十四歳から十三～十五歳前後へと一気に低下したが、加入礼を受けた直後に嫁ぐのが慣行なので、この結果はそのまま女性の結婚年齢の低下をも意味していた（Peristiany 1939: 5）。一方、男性が加入礼を受ける年齢も二十～二十四歳から十四～十八歳へと低下した（Peristiany 1939: 8）。だが、この変化は、加入礼の受礼がそのまま結婚（婚出）に直結する女性の場合とは異なり、男性の場合、初婚年齢の低下を直接意味するわけではなかった。こうして「沢山の適齢期の娘」が余って――これこそが、第六章で詳しく論じるシングル・マザーの構造的な基盤形成にも直に繋がったのだが――、婚資に振り充てられる家畜の頭数がこの時期に低減すると共に、一夫多妻の傾向が助長されたのだと伝承されている。先の統計に見た一九三〇年代後半から一九四〇年代後半にかけての人口爆発は、こうして惹起されたものと推定できるだろう。

牛牧キャンプの消滅に随伴するもう一つの大きな影響は、家族員が性と世代によって居住地を二分割する前記のような（「母屋／牛牧キャンプ」）分住システムが不可能になったことであった。つまり、それぞれの家族が囲い込んだ土地の中に、母屋（[*kotap*] *mosop*）、若者の小屋（*sigiroina* または *kaptich*）、夫の小屋（*kaptich*）などを距離をおいて建て、牛は各家が家屋の回りに確保した放牧地内で飼われることになった。このような住居空間の編成の画期的な変化は、後で述べる通り、性と世代に基づく労働の分業関係に不可逆的な変化をもたらす結果となる。

三　キプシギスの家族構造と妻の社会的な位置

ところで、キプシギスの家族は、複婚を構造的な前提としている。先ず、キプシギスの家族内部の分節を見よう。なお本書では、これに当たって、家族の人員構成の形態と機能を基準とするマードック（Murdock 1949）の定義を便宜的に採用する。彼によると、複婚家族は、一人の男性（夫）を扇の要として核家族が複合した構成を持つことになる。

1　妻単位の家の自立性

キプシギスでは、複婚家族を「夫の家」（*kap-chi*）、その妻単位の核家族を「妻の家」（*kop-chi*）と呼ぶ。ただし、「夫の家の成員」は、一地点に同居して家庭を構成するとは限らない。むしろ同居しないのが原則だった。つまり、キプシギスの伝統的居住形態には、性と世代に基づく母村と牛牧キャンプの棲み分けの他に、実はもう一つの著しい特徴があった。それは、単一の複婚家族がコンパウンド（複合住居態）を成さず、しかも複婚家族を構成する複数の妻単位の核家族同士の地理的な距離が極めて大きいことである。その距離的間隔はできる限り大きいことが理想であり、植民地化以前には、それが数十キロメートルに及ぶことも珍しくなかったと言う。つまり、一人の男性と彼の妻ならびに子供たちから成る最小規模の「夫の家」（複婚家族）は理念的なものであり、一か所に全ての「妻の家」の成員が同居して家庭を形成することはまずなかったのである。

その実際的な理由の一つは、マサイを初めとする周囲の民族の攻撃・略奪による家族と家畜の被害を分散させること、またもう一つの理由は、牛疫等の疫病の被害を分散させることであった。或る人たちは、一人の男性の妻たち（僚妻）の間の嫉妬を極小にして、彼らの間の妖術攻撃による家族員と家畜の被害を抑えることをも、その切実な理由として挙げている。確かに、他民族による家畜の略奪や牛疫の被害を想定する必要がほとんど無くなった今日でも、複婚家族内の核家族同士が近住していない例が少なくない(6)。僚妻間の嫉妬による理由付けは、現今の土地の希少性とならんで、上の事実を説明する有力な言説の一つであり得よう。

2 「家財産制における父系の逆説」と、夫の氏族への妻の帰属

家産相続に関するキプシギスの伝統の特徴は、複婚家族（「夫の家」）内の妻単位の核家族（「妻の家」）が家産を等分すること、つまり各核家族に息子が何人いるかに全く関わらず、妻たちの間で夫の財産が均分されることである。また各核家族の息子たちは、婚出した同母姉妹に対して婚資として支払われた家畜の全てを、排他的に自分たち（だけ）の結婚時に婚資支払いに用いる権利を持っている。グラックマンは、南アフリカのズールー人の間に見られるこれとよく似たシステムを「家財産制」（house property system）、或いは「家財産複合」（house property complex）と呼んでいる（Gluckman 1950）――なお、この場合「家財産制」の対極にイメージされているのは西欧的な家父長制であるから、本書の文脈では、

「家財産制」を「(妻単位の)核家族財産制」と呼び換える方が適切であるかも知れない)。

さて、この「家財産制」のゆえに「ズールーの出自、財産相続、ならびに地位の継承は、強く父系的であるにもかかわらず、出自関係のない女性を介して想定されることになるのだ」(Gluckman 1950: 196)。言い換えれば、エヴァンズ=プリチャードがスーダンのヌエル人の場合について述べたように、こうしたシステムでは、「父系出自の原則は、ある種の逆説によって、母親を通して辿られる」(Evans-Pritchard 1951: 122) ことになるのである。

今日では、このような例が、東部および南部アフリカを中心にかなりの数知られている。しかしながら、「家財産制度が孕む父系制の逆説」が各々の父系社会でどのように認識され、また現実的にどう処理されているのかは、必ずしも詳らかになってはいない。

ただし、西ケニアの父系諸民族の場合、筆者の知る限りでは、婚入した女性はその「逆説」のもたらす構造的な裂け目の中にそのまま投げ出され、置き去りにされているように思える。即ち、これらのどの民族でも、スーダンのヌエル人と同じように、女性は結婚後も父方の氏族に帰属し続ける。一方、キプシギスを初めとするカレンジン諸民族では、結婚すると、女性はただちに父親の氏族から夫の氏族へと移籍される。この移籍によって、上記の逆説が、父系の原理に叶うべく理論的に処理され、辻褄が合わせられているのだと考えられるのである。

もっとも、もし人類学の父系概念に忠実に従えば、この措置もまた同様に無系的 (cognatic) な傾向を示す変異、或いは別の種類の「逸脱」であるに過ぎないだろう。とは言え、婚入した女性が法的に夫の氏族の成員権を保証される事実は、決して徒に度外視できない。女性に関するアフリカ全土の諺を比較した或る女性研究家は、極めて一般的にではあるが、次のように述べる。「(アフリカでは) 女性は恐怖と不信の的である。結婚してから長い年月が経った後でさえ、男は、女が何時までも『あなたの』家庭の中で『余所者』であり続けることに心するべきなのだ」(Schipper 1992: 16)。この意味で、キプシギスの既婚女性たちの社会・心理的な経験が、「夫の氏族の中に取り残された余所者」であり続ける他の多くの父系民族の既婚女性とかなり異なっているだろうと予想してみるのは、必ずしも根拠のないことではあるまい[7]。

カレンジンの近隣諸民族では、婚入した女性が死ぬと、彼女の遺体は兄弟など父方の直近の親族に引き取られ、その土地に葬られる。一方、カレンジン諸民族では、女性は既に夫の氏族に移籍して編入されているがゆえに、彼女の遺体は自分自身の核家族の屋敷地に葬られる[8]。このような対照的な事実にも、確かに、キプシギスの複婚家族における核家族の自立性の大きさの一端が、垣間見られると言えるだろう[9]。

3 複婚、女性婚、「幽霊婚」

ところで、一般的に、アフリカの複婚家族では、往々、最初の妻自身が若い妻を娶るように夫に求めることが知られている。その目的として第一に言及されるのは、家事や農作業の負担軽減という、彼女たち自身による説明である。だが、同時に、より大きな政治経済的な脈絡を見落とすべきではあるまい。即ちこの文脈でも、「家財産制」の有無や或る男性の複数の妻たちが各々形作る核家族相互間の地理的距離のあり方など、各民族の複婚家族の個別的な特徴を吟味しつつ比較検討する必要があると思われる。

特にキプシギスでは、一人の男性 (夫) に属する妻単位の核家族 (「妻の家」) 同士の間の地理的距離が極めて大きい事実が重要な意味を持つ。複婚家族 (「夫の家」) が恒常的に一致して協同すべしという理念は、核家族同士の地理的距離の大きさのゆえに、現実には実効性を欠いている。実際、日常の協同単位は「村」であり、夫の複婚家族において、妻単位の核家族の社会・経済的な自立性は、長い時代を通じて変わらずに大きかったのである。

仮に、妻の一人に子供、或いは息子が全く生まれないとか、彼女の息子が成年する前に全員死亡して、嗣子がないまま閉経したとする。この場合、夫には自分自身で婚資を調達して、この妻に「女性婚」(woman marriage; *kilal-matap-oret*) をさせる義務があった。[10] つまり、老妻が「夫」として若い娘を娶り、老妻の夫の氏族員の間から選ばれて指定された男性をジェニター(法的な権利のない「生物学的な父」)として嗣子を産ませるのである。女性婚でも、男女の結婚の場合と同様に、正式の婚姻儀礼が行われる。社会的には老妻は夫、若い娘は妻として扱われるが、女性婚で生まれた子供は法的には老夫妻の孫と見做される。

また、まだ息子が生まれない内に夫が死んだ妻は、一種の「幽霊婚」(ghost marriage) ――別の見方をすれば「寡婦相続」(widow inheritance) ――として婚姻を継続し、上の場合と同様のカテゴリーの男性をジェニターとして嗣子を得なければならなかった。これの制度は、人類学的には、レヴィレート(levirate)と呼ぶのが、一層適切である。なお、それらの制度は現在でもまだ或る程度存続している。

ただし、男の子が生まれなかったり、成年するまで育たなかった場合でも、もし既に娘が生まれて育ってさえいれば、必ずしも「女性婚」が行われるとは限らない。この娘を未婚のまま家に残し、特定のジェニターによって嗣子を得させる便法も実際にしばしば行われている(Komma 1981)。しかしながら、この方法は、外婚的な父系氏族間の婚姻を通じた連帯によってキプシギス民族の団結・統合を図るという、基本的な重要性を持つ社会構造化の原理に、あからさまに抵触する。それゆえ、不当だとされ、陰に陽に社会的な非難を受けることになるのである[11]。

これらの慣行からも、キプシギスでは家財産の管理単位である妻単位の核家族(「妻の家」)の自立性が著しく、それが慣習法によって強く支持されてきたことが窺えるだろう。事実、今日でも複婚家族内の核家族同士は往々隣接して住んではいない。それは僚妻間の嫉妬を極小化するためだという上記の説明は、見方を変えれば、キプシギスの妻たちが各々独自に形成する核家族の自立性の強さを、僚妻間の心理的反目に置き換えて表現したものであると考えることもできる。

四　男女の地位の対等性と従属性をめぐって

では、「家財産制度が孕む父系制の逆説」状況では、夫の氏族に編入されたキプシギスの女性の社会的な地位を、どう評価すべきなのであろうか。はたして、女性は男性と対等、ないしは同等の地位を与えられていると言えるのであろうか。

1　男性の優位は普遍的か

一九七〇年代から盛んになったフェミニズム人類学の一般的見解の一つは、ロザルドの次のような言葉に要約されるであろう。「『家内的』な領域と『公的』な領域の普遍的な対立は、必然的に非対称をなす。女性は家内的な領域に封じ込められており、男性の特権である類の権威、威信、文化的価値を手に入れることはできない。(中略)こうした不均衡がある以上、女性による権力の行使はしばしば非合法だと見做され、女性が威信や価値意識を形作る経路は、しばしば家内的な世界との結びつきによって制限されているのである」(Rosaldo and Lamphere 1974: 8)。この見解は男性優位の普遍性を認め、その根拠を「家内的/公的」という生活領域の普遍的な二項対立と、それにおける公的領域の優位の普遍性とに見出そうとするものである。

小田亮は、ロザルドの立論過程の曖昧さを度外視すれば、「女性/男性」の二項対立に「自然/文化」の普遍的な対立を読む説よりも、この説の結論の方がむしろ根源的な認識に達し得ていると見る。それは、「家内的/公的」という「この二つの領域の区分は社会を分節するという意味でも普遍的なもので、その二つの領域で働く規範も異なっている」(小田　一九九二:一四八)からである。

とは言え、フェミニズム研究において、ロザルドの説が必ずしも支配的であるわけではない。対極的な試みの一つに、母系制の歴史を研究して、女性優位の可能性を立証しようという方向性がある。だが、この動きは、現実には『母系制の世界史的敗北』の必然を論証してしまうという皮肉な結果に終わっている」(上野　一九八六:一〇一―一〇二)と見るのが妥当であろう。ただし、この研究方向が内包するこの種の自己矛盾を回避するには、一つの方途がありそうだ。それは、「家内的/公的」という生活領域に関する二項対立の普遍性を認めながらも、この二項対立に上下関係が介入する歴史的・社会的な必然性を認めない立場を採ることである。

だから、特にアフリカについては、産業化以前の男女のジェンダー関係には、相互に異なるものとしての区別はあっても上下意識は存在しなかったとする見方を採る研究者が、以前から少なくなかった。例えばドライバーグは、カレンジン諸民族を含むナイル語系の人々を念頭において、次のように述べた。「仮にも地位の上下の如何という問が男女間の区別としてアフリカ人の間で生じたかどうかは、実際、大いに疑わしい。女性とは、体格、自然的機能、持久力に対応する異なった地位というばかりであって、劣った地位ではないのだ。（中略）男性と女性の間には障壁があり、この障壁は部族的均衡を再調整することなしには超えられないとしても、障壁があることは優越性をも劣等性をも含意してはいない」（Driberg 1932: 405）。

キプシギス民族のジェンダー関係についても、このような見方を強調するフェミニズム人類学の二本の論文が書かれている（Bülow 1993, Sørensen 1993）。本節では、この後、その二つの論文を参照しながら検討を進めてみたい。

2　男性対女性――複婚家族の論理と核家族の論理

シッパーは、常に賞揚される母親という局面を別にすれば、女性はアフリカの何処でも邪悪な存在と見做されてきたと言う。そして、ベニンのフォン人の諺、「女は諸悪の根源」をもって自著の標題としている（Shipper 1991）。この知見に照らして見る時、確かにキプシギスでも、女性に固有な利己的な短慮や反社会性を説く言説が口碑に鮮明に刻みこまれている。この事実を、まず指摘しておかなければならない。

ここで事例を引く前に、その背景をなす一つの重要な制度を概説しておきたい。キプシギスの伝統社会では、自分の家族を養えるだけの牛、山羊、羊を手元に残しておき、それ以外は遠方の誰か比較的貧しい友人に預託するのが長年の伝統だった――牛乳は、預かり手が自由に消費できる。これは、（予想され得る）他民族による略奪や牛疫・口蹄疫等の被害を分散するという、いわば次善の弥縫策であるが、それと共に、氏族や地域、ならびに年齢組織を横断して友人関係のネットワークを遷移的、且つ広域的に積み重ね、それによって民族の全域的な団結を強化する機能を担う制度でもあった。それゆえに、預けた牛とその子孫は、預託者本人が死にでもしない限り、原則として取り戻せなかった。男性の間では、この慣行の履行は極めて厳格な社会規範であり、よく守られていた（小馬　一九八五ａ）。たとえ自家の飢渇がどんなに激しい状況であっても、一旦余所に預けてしまった家畜の返還を要請することは、甚だしく不名誉で反社会的な行いであると考えられていたのである（Peristiany 1939: 151–152）。

巷間よく知られた或る物語は、こう伝えている。或る時、一人の男が預託していた雌牛たちが乳を出し続けているのに、自家の雌牛たちの乳の出が一斉に止まってしまった。ひもじさに泣き叫ぶ子供たちを見兼ねて、妻は家畜を連れ戻そうとするが、夫は「あの人たちが子供のために乳を絞ってやらないでも構わないとでも言うのか」と妻を叱る。だが妻は、夫の知らぬ間に相手の家を訪ねて、雌山羊を一頭連れ戻してきた。何故かと怒って詰問する夫に、妻はこう抗弁する。「じゃ、私たちの子供は一体どうするのよ。この子たちが飢え死にしないとでも言うの」。さて、物語はこう締め括られる。「こんな諺がある――『たとえ、一番目の妻でも、娘でも、家畜貸借契約の牛や山羊・羊のことを決して女に教えちゃならない。もっとも、全ては息子の物だから、息子になら打ち明けても良かろう。しかし、女は誰もが、今に到るまで男の敵なのだ』」（Peristiany 1939: 248–249）。

人口に膾炙した右の物語は、ごく素直に受け取る限り、家畜預託制度の実際を女性に漏らさない規範とその由来とを、寓話の形で語ったものだと言えよう。キプシギスでは何かを一旦貸し出せば、先ず二度と手元に戻らない。牛の貸借の環がその無形の「制度」を典型的に具現している。この、いわば末端が開いた「本源的不均衡」こそが、与えた誰もが何時か与えられる「一般的互酬性」を逆説的に支える実際の基盤であることを、男たちは誰も無意識の裡に会得しているのだ。

しかし、比較的近年ケリチョ県で調査した女性フェミニスト人類学者、ビューロウは、上の物語を次のように解題する。「この事例からは、家財産（house property）に関して女性の権利が夫の権利よりも強いことが判る。家庭（子供）に糧食を供給すべき母親としての、また家（妻単位の家としての核家族：小馬注）の長（head of the house）としての慣習的な責任に言い及ぶことによって、妻は、夫が家財産を管理する特権を凌駕することができる」のだから、「この点で、男性の利益と女性の利益は相互に明らかに正反対なのだ」（Bülow 1993: 529）。

しかしながら、家財産に対する妻の権利が夫の権利を凌駕すると断言する点で、ビューロウの解釈は、やはり強引に過ぎると言わなければならない。ごく短い期間になされた、テーマを狭く絞り込んだ現地調査と、先行するモノグラフの特定の一節に専ら依存して先のように主張して疑わないビューロウは、極めて経験が浅く、キプシギス民族の社会と文化の文脈に余りにも無知であると感じる。率直に言えば、先の一文の解釈は児戯に等しい。

五　女性の「悪」と「知恵」

ところで、男性が女性を愚かで劣った者と見做す言辞は男性の女性に対する密かな恐れの現れであると解釈する一般的な傾向が、フェミニズム人類学には存在している。だが、先に見たようなキプシギスの口碑は、男女の上下的対立よりも、むしろ異質性を強く表現する側面が強いと思われる。この論点を確証するために、女性不信をより深く語ったもう一つの口碑をここで引用しておきたい（小馬　一九八五ｂ）。

1　公的／家内的／私的――「女の知恵」を買う話

或る若者が、父親に嫁を貰いたいと申し出た。父親は、若者の未熟さを戒め、一頭の山羊を引いて連れてきて、これで「女の知恵」（*kimosugit*）を買って来いと命じた。半日の徒労の後、若者は漸く「女の知恵」を売ろうという、子連れの女に出会った。女は、若者を家に招き入れると、夫が今ビール・パーティに出掛けているから、ちょっとそちらに顔を出して夕暮れに帰って来てくれと告げた。言われた通りに若者が夕方ビール・パーティーから帰って来ると、女は牛床に敷皮をのべて若者を誘った。その夜半、亭主が表戸を叩いた。若者は女が予め教えておいた通り、徐に戸を開いて、家違いだと告げた。そして、たった今ハッと気付いたといわんばかりに、家の奥に向かってがなり立てた。「この売女め。男を拵えやがったな」。その声を聞いた亭主は、酔いも醒めんばかりに大慌てでその場を逃れ去った。しかし、暫くして舞い戻ってためつすがめつ、どう眺めてみても自分の家に違いない。そこで、屋敷地の門口に木の枝を一本刺して目印にし、またビール・パーティに戻って行って、その夜は飲み明かした。

未明になると、女は若者を揺り起こして、さあ急いで立ち去れと命じた。そして、彼がここで見た一切の事が「女の知恵」だと教えた。夜明けに帰館した亭主は、自らが刺しておいた目印の木の枝を確認し、臍を噛んで怒鳴り散らした。すると、女は金切り声を挙げて村人を呼び集め、自分が本物の売女なら、間違ってもこんな浅はかなヘマをするものかと主張した。村人は、誰もがもっともだと納得し、代わる代わる全員で亭主を諫めた。

家に戻り、やがて嫁を貰った件の若者は、自分は既に「女の知恵」を買ったのだから、お前には騙されないぞ、と妻に告げた。そこで新妻は、日暮れを待ち、手に松明を持って藪へ用便に出掛けた。若者は気を揉んで戸口で監視していたが、松明の火が揺れているのを見て安心した。新妻は、藪に男を待たせておいた。そして、睦言の間、妻は松明を足の親指の股に挟んでおいたのさ。[12]

さて、*kimosugit* とは、女が作る地ビール（*maiywek*）の酸っぱい諸味のことでもある。「女の知恵」は、（男の）知恵を意味する *ng'omnotet* の対概念である。*ng'omnotet* とは、例えば自家の飢渇の最中でも心を鎮め、友人に預託した家畜を取り戻そうとはしないような、社会的な信義を何事にも優先させる倫理的な心組みのことである。それに対して *kimosugit* とは、鼻から眼へ抜けるような奸知をもって規範を出し抜き、飽くまでも自己中心的に生きようとする心組みのことなのである。そう了解できれば、右の一見酷く辛辣な内容をもつ口碑も、必ずしも女性の性状を一方的に論難しているのではなく、男性という存在様式の埒外にあってどうしても及びがたい知性、すなわち、どんな状況でも何としてでも、個として、また母として生き抜こうとする心の力を女性に認めて受け入れているとも言えよう。

このように考える時に最も重要なのは、「女の知恵」が単純に家内的であることを裏切り、むしろ「公的／家内的」という二項対立自体を独特の仕方でなにがしかでも相対化しつつ現実化する要素を内包していることであろう。

キプシギスの人々によると、「女の知恵」の口碑は古くから言い伝えられてきたものだと言う。ただし、ビューロウのような立場を採るフェミニスト人類学者には、この言説を素直に受け入れることに些か抵抗があるかも知れない。しかし、重要なのは、この話には単純な「公的／家内的」という二項対立を超えて、いわば「私的」な領域の存在を読み取ることができ、しかもそれが男性ではなく、女性の側に帰属させられているように思えることなのである。

2 女性の「悪」と家財産制

小田亮が言うように、通例「パブリックな領域とは切り離されたプライヴェートな領域（私生活の領域）」が誕生するのは、「公的な領域と家内的な領域の価値区分を、貨幣という何でも量れる一般的基準によって通訳することができるようになった」近代社会においてである（小田　一九九二：一五五）。ただし、「女の知恵」がそれを「買う」という文脈で語られているとは言え、ここで示唆されている「私的」な領域は、近代的な私生活の領域のものとは限らない。それは、むしろ（男が支配する）社会的な規範からの逸脱として公的な領域に対峙する「悪」の領域である。しかも、この「悪」が必ずしも家内的な領域と矛盾せず、むしろ遷移的にそれに融合していることを見逃してはならない。

キプシギスの「家財産制」では、夫の氏族に移籍された（一人の男性の）各々の妻を通して、逆説的に父系出自が辿られる。しかも、近年まで妻の産んだ子供たちは、実際に（いや、生物学的に）夫の子供であるかどうかを問わず、進んで夫の出自集団に帰属させられたのである。かつては、氏族の存続と繁栄（繁殖）こそが、何にも優先されるべき価値であった。したがって多産な妻の評価は高かった。それゆえ、姦通が悪徳であったにも関わらず、口碑のごとく「女の知恵」を売った女性は、しかし、必ずしも核家族を破綻に導いたわけではなかったのだ[13]。

英国植民地政府は牛牧キャンプを徹底的に抑圧し、その結果としてキプシギスの娘が加入礼を受ける年齢が大幅に低下した。この状況で、キプシギス固有の「家財産制」は女性婚の慣行と相俟って、次に見るように、思い掛けない潜在機能を現した。つまり、先に述べたように、この変化は女性の結婚年齢の急激な低下と同意であって、「これがキプシギスの結婚の不安定性の一要因となった。もし、その若い娘が夫と幸せに暮らせなければ、彼女は若い恋人と駆け落ちするか、または売春婦になる」のであった（Peristiany 1939: 5）。実際、隣り合うカレンジン語系の兄弟民族であるナンディと共に、キプシギスの女性が街に出て売春婦になった率は、他のどの民族よりも高かったと言われているのである。

ペリスティアニィは、次のように、自分の経験を報告している。「私のテントの近くに住んでいた太った女性マリアムが、町で売春婦として大変な額の金を稼いで原住民保留地に帰って来た。彼女はこの金を牛と二人の女性を娶ることとに投資した。二人の女性の『夫』（ここではジェニター、つまり彼女たちの性的・経済的後見人：筆者注）と子供たちが彼女の収入の大切な源泉なのである。というのは、これらの人たちが彼女のために牛群を飼養し、広いトウモロコシ畑を耕してくれるからだ[14]」（Peristiany 1939: 83）。

キプシギスの人々が、そのマリアムの「女の知恵」を進んで容認したわけではあるまい。この一件は、恐らく村の寄り合いで取り上げられたと考えて誤らない。しかし、キプシギスの慣習法が固有の「家財産制」と女性婚とを合法的なものとして認めている以上、また世の慣習法に通有の特徴が「公正な評決とは道徳的な秩序と社会的現実の妥協」（Peristiany 1956: 43）であり、「寄り合い、原告、被告のいずれをも満足させる救済策である」（Peristiany 1956: 43）以上、事実上、「女の知恵」が導いた右のごとき事態を抑止する方途は存在しなかったのである。

3　始祖としての女性

さらに翻ってみれば、マリアムの例は、植民地化以前の社会慣行からも必ずしも大きく踏み出すものでなかったとさえ言える。古くから、女性は、しばしば氏族や支族内の分岐点に位置してきた。例えば、カバラングウェック氏族の最初の家はトプノという分枝（*ortamyit*）であり、トプノ分枝からキビウォット分枝が、さらに一人の女性の「不品行」のゆえにキビウォットからモロサ分枝が各々分岐した。この「不品行」な女性の夫は、一八九〇年頃にキプシギス人とグシイ人ならびにルオ人の間で戦われ、キプシギスが大敗を喫したモゴリ戦役に従軍して死没した。彼女はその後、先住狩猟採集民で、森の住人である近隣の民族オキエック人の間に逃れて、そこにかなり長い間暮らし、やがてオキエック人との間に生まれた子供たちを連れてキプシギスの村に戻って来た。だが、オキエック人が獣の腱を用いて家畜の内臓をくびり殺す妖術を使うと信じられていたために、この女性は恐れられ、カバラングウェック氏族の人たちに受け入れを拒まれた。こうしてモロサの家が分岐したのだが、宣誓（*koyosiyoet*）と邪術（*ponisiet*）を複合させたムマ（*muma*）を行って氏族（*oret*）をまだ正式に分離していないので、依然としてカバラングウェック氏族として扱われている。

事実、女性を始祖とする氏族は決して少なくない。例えばオーチャードソンは、次のような短い物語を紹介している（Orchardson 1961: 138）。

息子一人を持っているだけの年老いた寡婦がいたが、貧窮して、息子の婚資に使う牛を一頭も持たなかった。彼女は、或る日ブッシュバック狩りに出掛けるように息子に命じた。その獲物のブッシュバックの皮を延ばして乾した後、袖なしの外套（*koliget*）に仕立てた。彼女は、息子に命じて、ブッシュバックが近所の人々の畑を食い荒らしていると近所に触れ回らせた。それからその外套を着て最寄りの畑へ出掛け、耕作地の縁にある藪に入って身を屈めた。彼女は、あたかも野菜を物色しているかのように、猫背でゆっくりと動き回った。程なく、隣人の一人が採餌中のブッシュバックとおぼしきその獣を矢で射たが、見つけたのは死んで藪に横臥した老女だった。この隣人は償い（殺人に対する血償：筆者注）として牛を支払わねばならなかった。それを（婚資として：筆者注）用いて、老寡婦の息子は結婚できたのだ。

この物語は、「女の知恵」のあり方を良く示していると言えよう。老女の行為は、確かに反社会的であり、奸計であると言えよう。だが、彼女の死を償うべき血償の要求は、合法的であるがゆえに拒みようがない。この物語は、自己犠牲を厭わない点では――自分の幼い子供たちが飢えて泣き叫んでも友人に貸与している雌牛を取り戻そうとはしない男たちの覚悟とは違うとしても、それに負けず――利他的でもあって感動的でさえもあろう。実は、これは、カプチェボイン（*Kapcheboin*）氏族の起源伝承なのである。この氏族名は、まさに物語中のブッシュバック（*boinet*）に由来している[15]。

ところで、このカプチェボイン氏族からはカプモエック（*Kapmoek*）氏族が更に分岐した。カプモエック氏族の始祖は、未婚の女性であった。彼女は子牛（pl. *moek*）を買い集め、やがて大きな財産を拵えて子孫が増え、その結果氏族として独立したのだと言われている。

これら二つの氏族が他の氏族のように始祖の（男性の）名前から直に派生した氏族名を採用していないのは――キプシギス民族の父系原理に反して――始祖が女性だったからだ。逆に、他の同様の来歴を持つ氏族の名称もまた、そうした起源を暗示しているのである。しかしながら、女性起源の諸氏族が決して周辺的な位置を占めているわけではない。それは、次の事実を見ればよくわかる。

先に述べたように、長老たちの集合的な呪詛の力は、「助言的裁判官」（調停者）など、村の領域を超越し、横断した広域的な権威者の力に拮抗してそれを制御してきた。そして、両者の権威の均衡が民族の権威構造の基盤を成していたのである。「助言的裁判官」などの権威者が他民族に出自を持つ周辺的な新しい氏族から主に出ていたのに対して、呪詛の力は専ら古い中心的な氏族に固有の属性であった。そして、女性を始祖とするカプチェボイン氏族は、有力な呪詛氏族の一つとして知られてきた（komma 1992、小馬 一九八四）。キプシギスでは、氏族は「夫の家」である複婚家族（*kap-chi*）を単位としても、また「妻の家」である核家族（*kop-chi*）を単位としても分岐し得、しかも分岐の仕方による氏族間の優劣はない。この点に関して、女性が差別的に扱われた形跡は全く見出せないのである。

六　女性の自助活動と「フェミニズム史観」

ビューロウもソーレンセンも、植民地化される以前のキプシギス社会では、食糧生産、労働、ならびに諸々のサーヴィスの交換において、女性が男性と相補的で対等な地位を持っていたことを強調している。

そこで、二人の主要な論点を拾ってみよう。

1 「男女対等から男性の優位へ」という仮説

第一に、女性は雑穀の生産と管理を独占していた。雑穀の食料としての重要性はかつては予想以上に大きく、キプシギスを「東アフリカの牛複合」民族に含める視点（Herskovits 1926）の変更を強いる程である。穀物やビールで来客をもてなすことは、男性が社会的な威信を得るうえで重要であった。また、畑作業や家屋の建築のために村人の助力を仰ぐにも、大量の穀物やビールが報酬として必要だった。しかも、夫は妻の穀倉に立ち入れなかった。それゆえ、穀物の生産と管理とを介して、女性は家族ばかりでなく村の寄り合いに対しても、潜在的に経済・政治的な影響力を行使し得たのである（Bülow 1993: 529–530）。

第二に、女性が担った雑穀の生産者ならびに商い手としての役割が重要である。自然繁殖を別にすれば、家畜をふやすには穀物との交換が最も有効な手段であった。女性は、このような目的で他民族との間で行われる遠距離交易の担い手であった[16]（Bülow 1993: 530–531）——例えば、前項で紹介したカプモエック氏族の起源伝承は、確かにこの見方を裏書きするように思える。

だから、「生産資源をめぐる男女間の競合が増大した結果として植民地時代のある時期にそうなるまでは、男性優位がキプシギスの観念の卓越した特徴であることはなかった」（Bülow 1993: 531）。つまり、生産活動に関するキプシギスの両性の関係を根本的に変え、村の女性の間の循環的な労働交換組織を衰弱させた三つの要因は、①商業的なトウモロコシ栽培、②土地所有の私有化、③主として男性たちの間での賃労働の重要性の増進（Sørensen 1993: 552）であったと、二人は考えている。

しかしながら、特にフェミニズム人類学で強調される傾きの顕著なこのような視点は、やはり一旦冷静に相対化しておく必要がある。女性自身が自らの地位をうとましく思っていたことを記録する事象が幾つか存在するからである。

例えば、キプシギスの再生観では、祖先の霊が同性の父系の新生児の体内に入ってその魂になる（小馬一九八二a）。例外的に、女性の祖霊が男の子の体に入り込んだと考えられる場合、この男の赤ん坊には、*Malakwen* という「祖霊名」（*kainetap oindet*）が与えられる。*Malakwen* とは、直訳すれば、「薪を担がない」という意味である。これは、自らが長らく耐え忍んできた過重な家事労働を呪って、男性への再生を死の直前に宣言した老女が霊として男児へと再来したことを記念する、男児の類型的な祖霊名なのである。しかも、これは植民地化後に現れた新しい名前では決してない。

さらに、二人の見解は理論的にも問題があろう。キプシギスでも、氏族間で「交換される」のはやはり女性であって、男性ではない。この点について、小田亮が次のように述べている。農耕の開始によって土地が生産条件から生産手段に変わり、それを専有する家内的集団にはそれを受け継ぐ子供が必要となる。こうして創発された子供の希少性が、人的再生産の容量を規定する女性の希少性を生み、その結果として家内集団間で女性が交換されるようになった。女性の再生産能力という生理的な差異は、こうした特定の歴史的・社会的条件のもとで初めて有意味になったのだ。公的領域とは家内集団間の関係が構成する領域であるから、交換の主体である男性がそこに属し、交換の客体たる女性は家内的領域に封じ込められる。そして、社会的権威とは家内集団間の個別的利害を調停するための装置である以上、個別的利害を離脱した公的な領域に属する存在である男性の手に落ちることになる（小田　一九九二：一五一―一五二）。

ビューロウとソーレンセンの見解は、どうしてもかなり一方的、独善的な判断に見える。そして、小田が示したような大局的な論理に反駁し得る論理的な根拠を、具体的に何も提示し得てはいない。

2　フェミニズムの「進歩」への視点

以上のように、ビューロウとソーレンセンの見解にある程度の留保を加えたうえで、議論をさらにもう一度相対化しておく必要があろう。小田も、「男性優位の普遍性」が言われる場合、社会的権威を手にするのが常に男性である事実だけが唯一の論拠だったと指摘し（小田　一九九二：一五二）、こう述べる。「男性と女性が同じことをすることが男女平等につながるというのは、同一の基準が支配している社会（「国家」のある社会および近代社会）において初めて言えることであり、それを「国家」を持たない社会にまで適用するのは、国家のある社会から見た偏見であるという批判も充分に成り立ちうるだろう」（小田　一九九二：一五四）。ビューロウとソーレンセンもこのような視点を取り、「男性の優越と女性の従属というカテゴリーは、高度の抽象としてでなければ取り扱い難いものだ」（Bülow 1993: 541）と見ている。

二人は、ケリチョ県で女性の自助組織の調査を実施した（Bülow 1993, Sørensen 1993）。彼らが着目したモリック（*morik*）は、家の間の等量労働交換を目的とする伝統的な女性組織で、村内部の地域的な分節ごとに作られる。二人の調査当時もそれは伝統的枠組みをかなりよく踏襲し、耕作、除草、収穫、出産時やその後の手助けなど、日常的な協働を基礎付けており、著しい階層差の中でも村の主婦全員がモリックに参加していた。しかし、一方では、かなり以前からモリックによる労働の自家配当分を賃労働として他の家や茶園に売り払うことが認められていた。そして、そのような目的だけで組織される、現金収入指向型のモリックも存在する（Sørensen 1993: 555–558）。

モリックの他に、「女性の進歩」（*maendeleo ya wanawake*）と呼ばれ、植民地期に入植した白人女性の間で創始され、一九七〇年代にケニア各地のアフリカ人女性の間で盛んになった女性の自助組合組織の活動が、キプシギス人の間でも盛んである。この組織は村を横断して有志の手で組織され、ケニア政府の指導監督下に置かれてきた。政府や海外からの資金援助を受ける場合もあり、伝統に則った共同体的な協働組織としてのモリックのパラダイムや地域としての村の枠組みを踏襲していない。特に、議長や書記など、構成員の互選による役員を置く点で、女性自助組合はキプシギス社会における女性の伝統的な組織化の基本原則に反している。組織原理や活動内容は多様だが、自分たちの農業労働を元手にして現金収入の獲得を目指す場合が目立ち、積み立てられた資金はトラクター、製粉所、商業センターの店、茶園の経営などに投資されている。そして、資金の連鎖的な再投資によって、充実した経済的成果を挙げている例も見られる（Sørensen 1993: 559–560）。

だが、「女性の進歩」の展開やモリックの変質に対する二人のフェミニズム人類学者の評価は、次に要約する通り、必ずしも好意的だとは言えない。即ち、それらの活動は一面では新たな資源、文化的観念、社会的な機会を女性が手にすることに繋がるのだが、同時に、世帯を超えた女性の団結の基盤を突き崩す契機とも一面ではなっている。言い換えれば、現在女性たちが押し進めている活動は、植民地化以前に女性が達成していた広範で複合的な文化的・職業的な連帯を代替するものとはなっていない。また、それは、不平等なジェンダー関係と資本主義的な搾取に対して挑戦する権力基盤を、女性に提供してはいないのだ（Sørensen 1993: 562–563）、と。

討論

キプシギス固有の「家財産制」のあり方が、近代化の過程で女性の地位の変化にどのような関わりを持っていたのか。特に、それが女性たちの経済活動への参入にどのような影響を与えたのだろうか。ここで更めて確認しておけば、それらの事柄を幾分なりとも明らかにするのが本章の主たる目的であった。

この関心からすると、二人の女性人類学者は、一つの極めて重大な事実を見落としていると言える。先に見た通りソーレンセンは、生産活動に関するキプシギスの両性の関係を根本的に変えた三つの重大な要素として、①トウモロコシの商品栽培化、②土地の私有化、ならびに③男性の間での賃労働の普及を挙げている。だがこの他に、或いはそれら以前に、それらの変化を導いた根底的な社会・経済的変化を指摘しておかなければならない。それは、他でもなく、東アフリカ地域におけるパックス・ブリタニカの実現と、それに伴うキプシギスの牛牧キャンプ廃絶、ならびに土地利用形態の抜本的な変化であった。

まず第一に、牛牧キャンプの廃絶は、民族の広大な放牧地を無用にした。実際、牛牧キャンプに依存する牧畜形態は、やがてキプシギスの中核をなすことになるミオット（*Miot*）と呼ばれた人々が、遥かな昔、北方の半乾燥地帯に住んでいた頃の慣行にそのまま従ったものだった。しかしそれは、牧草と降雨に恵まれた現住地では生態的な必然性を持っていなかったのである。だからこそ、英国植民地政府の命令によって、牛牧という生業を少しも損なうことなく、牛牧キャンプを廃止するという大改革を即座に破綻なく実現し得たのである。

また、それはキプシギスの中核的な社会組織である年齢組＝年齢階梯複合体系における戦士階梯の伝統的な機能をほぼ有名無実化し、大量の若者の「仕事」（*boisiyet*）を奪うことにも直結した。事実、キプシギスは、ナンディと並んで最も多くの兵士を英国アフリカ小銃隊（KAR：King's African Rifles）に供給したケニアの民族でもあった[17]――そして、先に述べた通り、この大変化が、ケニアの民族の間で、ナンディと並んで最も多くの娼婦をキプシギスが生み出すことにも同時に繋がった。

さらに、本章の脈絡で特に重要なのは、各戸が囲い込んだ土地の中で牛が放牧されるようになってから女性が牛の牧畜に参入した事実と、その結果として、労働を巡る両性間の関係が大きく変化したという事実である[18]。こうして、女性には伝統的に秘匿されてきた家畜の貸借の内実を、女性が徐々に察知するようになったのであった。

これらの諸事実は、必ずしも一方的に女性の労働強化だけをもたらしたのではなかった。むしろ、一面では、「家財産制」を強化してもいる。また、女性が夫に気付かれない仕方で密かに家畜貸借のネットワークを作るという、画期的な変化を生み出した事実は重要だ。

第二の点に関して、現ケリチョ県地方の事情は明らかではない。ただ、ビューロウとソーレンセンの論文を見る限りでは、早くからトウモロコシや茶の商品栽培が始められた同県地方では、女性同士による家畜の貸借のネットワーク形成の可能性は小さかったと思われる。一方、茶の栽培に適さず、トウモロコシ栽培も自給的な性格が著しいボメット県地方では、男性同士ほど広範且つ公開的ではないにしても、女性間の家畜貸借のネットワークが確かに形作られている（小馬　一九八五ａ：四三―四四）。この場合、夫の浪費癖や別の妻への偏愛など、理由が何であるにしろ、女性たちは、夫に隠れて自分の核家族の財産を進んで保全・増殖しようと努めているのだ。この場合も、植民地化に伴う社会変化の結果として、「女性の知恵」は女性が公的な領域へ進出していくうえで、密かな、そして有力な一つの回路となっているのである。

もう一つ注目に値するのは、ボメット県では、女性自助組合の共同耕作によって蓄えた資金を元手として学校や教会の事業を積極的に後援し、女性たちが社会的な地位を徐々に高めつつあることだ。しかもそれに際して、女性たちは男性若年層ならびにキリスト教会と手を組んで、伝統的な「老人支配」(gerontocracy)を次第に突き崩しつつある。私の調査地ンダナイ郡では、一九八〇年代、女性たちは右のようにして三十代の三人の若者をンダナイ小学校の運営委員に送り込み、これを梃子として、その内の一人は「村の長老」にさえ選ばれたのである(小馬　一九八五ａ：四四―四五)。

ケリチョ県では、女性自助組合の活発な活動はキプシギスの相対的な豊かさと余裕の賜物である反面、最も現金収入を必要としている若く、貧しく、孤立的な女性ほど現金調達的な女性組合からは排除される傾向があると言う(Sørensen 1993: 561-562)。これに反して、ボメット県では、若く貧しいリザーブ(旧原住民保留地)側の女性たちが中心となって活発に女性自助組合活動を展開して、上記のような変化を導いているのである。この違いは、大いに注目に値すると言えよう。

以上に見る通り、キプシギスの女性の今日的な社会的地位に関する筆者の見解は、ビューロウとソーレンセンとは異なる。ここで、筆者の観点を相対化するために、同じ西ケニアに住むバントゥ語系の農耕民であるイスハ人の事例と簡単に比較してみよう。中林伸浩の詳細な報告によれば、今日イスハの女性は、氏族、近隣、教会の関係を基礎とする数多くの互助組合に幾つも重複的に参加している。更に、女性たち自身が組織する互助組合活動も盛んだ。それは、現在のイスハでは「女性が経済的に夫に依存しているので、自分自身で獲得し、自由に処分できる現金がきわめて限られている」（中林　一九九一：一八九―一九〇）からである。確かに、女性の組合は、「夫の収入をおぎなって所帯を維持し、女性の経済的な自立をうながし、さらに女性どうしの結び付きをつよめるという、社会的な帰結をもたらし」（中林　一九九一：一九〇）、場合によっては「すべてのリーダーシップが女性に属する組合があることは、彼女たちも独自の権力をもっていることを示唆している」と言えよう（中林　一九九一：二〇六）。

しかしながら、女性が互助活動に熱心である最大の目的は、「現代イスハでは最大の儀礼的な機会である葬儀における様々な義務と莫大な出費に備えることなのである。イスハの組合は、一般にケニアの法律が定める登録をせず、組織として存続する年月も短い。だが、「組織の破綻の危険性よりも、組合の相互扶助の必要性の方が上回っている」（中林　一九九一：二〇八）ので、スクラップ・アンド・ビルドが繰り返される。イスハの特徴の一つは、「女性の組合が盛んなわりには、政府が推進している自助の組合である『婦人の進歩』（*maendeleo ya wanawake*）が、他の地方に比べて発展していないことである」（中林　一九九一：二〇九）と言う。中林は、小馬（一九八一）を引用して、次のように述べている。「（キプシギスでは）この（女性自助）組合を足場にして国会議員になろうとする女性たちも現れた[19]。こうしたものに比べると、イスハ人の女性の組合はずっと所帯生活に密着しているといえる」（中林　一九九一：二一三）、と。

以上に見たようなイスハ女性の現状に比べると、キプシギスのジェンダー関係は、今日の資本制下においても比較的風通しの良いものであることが窺えよう[20]。キプシギスの女性たちの自助組合活動は、例えば葬式費用の捻出[21]といった伝統が規定する何らかの多大な出費への受け身的な対応ではなく、むしろ女性たち自身の経済的・社会的な境遇の改善を目指す自発的なものである。キプシギスの女性たちは、伝統的な老人政治や夫の複婚家族の家計に一方的に従属しているのではない。独自の意志と戦術とを持って相互に連帯し、活発に協働して、着実に社会的な地位を高めつつあると言えるだろう。そして、この事実には、キプシギス社会に固有の「家財産制」と彼らの文化伝統である「女の知恵」とが深く関わっている。[22] 本書は、幾分なりとも具体的にその事情を検討し得たと思う。

《注》

（1）国勢調査を初めとする政府統計では、カレンジン諸語を話す全ての民族が、一九七〇年代末以来、一括してカレンジン人として取り扱われている。これは、一九七八年末にケニアの初代大統領であったギクユ人出身のケニヤッタが没し、カレンジン諸語の一つを母語とするトゥゲン人であるダニエル・アラップ・モイがケニアの第二代大統領に就任した事が、大きく関わっている。

（2）なお、囲い込みの過程と「女の知恵」（*v. i.*）の関係は、注（22）を参照せよ。

（3）ビューロウは、女性の年齢組の実体性と実効性を強調している（Bülow 1993: 526）。また、同様に男性の寄り合いに拮抗する「女性の寄り合い」（women's council）がかつて存在していたとも推定している（Bülow 1993: 526）。これらは、先入観に基づく明らかな事実誤認である。ビューローウとソーレンセンの調査に関する私自身の評価は、注（18）を参照のこと。

（4）なお、十九世紀末には、キプシギスと長く一体的な兄弟民族関係にあったナンディから予言者氏族（*Talai* 氏族）の分派がキプシギスの土地に越境して来て、中央集権的な権威を振るおうとした。だが、十分に予言者の権威が浸透する以前に英国植民地政府の弾圧に合い、予言者の氏族はヴィクトリア湖沿岸の乾燥地帯であるルオ人の居住地、グワシに流された。

（5）なお、囲い込みの過程と「女の知恵」（*v. i.*）の関係は、注（22）を参照せよ。

（6）今日でも、この傾向は残っている。例えば、筆者が家族の一員として住み込んだ三つの家族の場合を見てみよう。一九七九～一九八〇年、ならびに一九八一年の二度住んだのは或る男性の第一妻の家（スキーム）で、敷地は三七エーカー。夫は三〇キロメートル程離れた所に第二妻と共に暮らしていた。一九八一～八二年に住んだ家（リザーブ）では第一妻と第二妻は同じ敷地内に住んでいたが、その敷地は八〇エーカーの広さであった。一九八三年以来何度か住み込んだもう一つの家（リザーブ）は、或る男性の第一妻の家で、敷地は一七エーカー。夫は二キロメートル程離れた所にある第二妻の家との間を往復していた。なお、筆者が住み込んだリザーブの家族の敷地は平均よりかなり広いものの、必ずしも酷く例外的な規模ではない。

（7）さらにキプシギスでは、女性は結婚と同時に自動的に夫の年齢組にも組み込まれるとされている。例えば、老人の妻となった年若い女性は、自分よりも年上の人々からも、夫に対するのと同様に尊敬に満ちた待遇を受けることになる。他のカレンジン諸民族でも、事情は全く同じである。

（8）カレンジン諸民族の一つであるテリック人は、紆余曲折はあるが、バントゥ語系ルイア民族の一支族であるティリキ人と百年余りの間相互包摂的に複文化的社会を作ってきた。一九八七年、婚資の未納を巡る紛争から、或るテリック人の妻の遺体が彼女の兄弟によって持ち帰られ、彼の屋敷地に埋葬されるという前代未聞の出来事が起きた。故人の兄弟は、婚資が支払われていなかった事実を、この措置の根拠として挙げた。この挙は、結婚後も妻は父親の氏族に帰属し続ける近隣のルイア民族の慣行に倣うものであり、テリック人にとっては氏族概念を根底から揺さぶる大事件であると受け取られた（小馬　一九九〇：一九四—一九七）。

（9）この他に、例えば妊婦の「悪阻」様状態に関して、ティリキ、マラゴリ、イダホなど西ケニアのバントゥ語系ルイア諸民族と、キプシギスやナンディ（いずれもカレンジン諸民族）との間に、大きな差異が認められる——前者は、父系出自を採るが、女性は結婚後も父親の氏族に帰属し続ける。この状態では妊婦はいわば胎児を人質としており、日常的な家事や性生活の拒否や food cravings（異常な食欲）の形で、日常的な劣位を一時的に逆転しようとしていると解釈することが可能である。ルイヤ諸民族では、妊婦の要求は過大であり、反抗は激越であるが、キプシギスではごく軽微であるに過ぎない。

あえて概括すれば、この差を生むのは、夫の氏族への女性の社会・心理的な統合の度合いの差であると考えられる（小馬　一九八八）。キプシギスでは、新婦は彼女の子供として間もなく「再受肉」してこの世に再来すると予想される夫の氏族の祖先に因んで、「誰某の母（*obot* 誰某）」という疑似的な子称（teknonym）を与えられる。赤ん坊を起点として見る時、赤ん坊は祖父母（の世代の祖先）と同一視されその名前を霊名（*kainetap oiik*）として与えられるのであるから、このような疑似的な子称は拡大・延長された父称（patronym）を含んでいるし、同時に死者称（necronym）でもある。つまり、新婦にこのような疑似的な子称を与えるのは、女性と胎児が一体的であるという観念を媒介として、新婦を夫の氏族へ移籍し統合する象徴的な儀礼行為だと考えることができるであろう。

（10）南スーダンのヌエル民族では、第一子が生まれて初めて、妻は夫方に移って来て同居する。だから、実際上、不妊の女性は結婚できない。不妊の女性は占い師などの仕事で蓄財し、それを元手に婚資の家畜を調達して「女性婚」をする（Evans-Pritchard 1951）。ヌエルとの比較は、キプシギスにおける妻と妻単位の核家族の地位の高さを明らかにしていよう。

（11）これもまた、「女の知恵」の現れの一つと見做されている。

（12）キプシギスの伝統では、側臥位だけが正当な体位であったが、近年正常位も認められている。それ以外の体位は、重大な背徳を意味する *sogoran* に値するとされる（小馬　一九八七：一八四）。

（13）かつて、キプシギスでは離婚が事実上皆無に等しかったことが知られている（Barton 1923, Orchardson 1932, 1961, Peristiany 1939）。「離婚は、きわめて稀であり、それが夫との間のものであれ、或いは数年の間同棲した男との間のものであれ、子供を産んだ女性は離婚され得ない。売春は離婚の根拠ではない。婚姻上の争いは絶え間ないが、（中略）いずれにしろ夫の胸中には離婚の観念がなく、二人はまた一緒になる。夫が時々妻を追い出すけれども、彼は自分の諸権利を手放さない」のであった（Barton 1923: 73）。

また、夫によってどうしても子供を得られない女性は、密かに別の男と通じて子供を得ようとすると、キプシギスの男性は信じているし、かつては黙ってそれを容認するのが慣行であった。さらに、長年連れ添った妻は、夫が受精能力を持たないことを村の寄り合いで証明できれば、正式に夫以外の特定の男と通じることを認められる。証明法は、密かに夫の精液を布片に受け留めて、乾燥後その色が白いことを示すことである。

（14）ジェニターに選ばれるのは、大概貧しくて結婚のあてのない男性であった。女性婚で彼の性的な「後見」によって得た長男の成人が近づくと、この男性は僅かな報酬（大概は牛一頭）をあてがわれてお役御免となる。

（15）なお、*che-*、*chep-* は女性接頭辞であり、*cheboin* とは「ブッシュバックの女」の意味である。また、*kap-* は場所の接頭辞で、氏族名にも常用される。氏族とは家だと観念されているからである。

（16）ビューロウは、穀物（特にビール）が牛と並行する儀礼的な価値を持っており、それを通じて女性の不可欠の役割が認識されていたのだが、「女性の作物」への関心が低いためにこの点の解明がおろそかにされていると言う（Bülow

1993: 531)。なお筆者は、ビールが牛乳と並行的な儀礼価値を持っていたこと、しかしながら牛乳が民族世界全体を象徴する脈絡で使われるのに対して、ビールは村を象徴する脈絡で用いられることを既に報告している（小馬　一九八五ａ：四七）。ここに、「公的／家内的」両領域の臨界面において、家内的な物の意味が極大化されている位相を見ることができるだろう。しかし、依然として「公的／家内的」という二項対立が存在していることも確かである。

(17) ハクスリーは、一九四〇年代の初め、ケニア労働徴発評議会の最新統計を引用している。それによると、自家の農場を離れて「雇用」されているか軍務についているケニア人の健全な成人男性の比率は五五・五パーセントであるが、実に「ナンディ人では八五パーセントに昇り、その九四パーセントは軍務についている」(Huxley 1944: 79) のである。

(18) ビューロウとソーレンセンの論文は、概してカテゴリカルな性格が強く、精査を経ない一方的な思い込みによる歴史的・民族誌的事実の誤認や誤解、他民族の資料に基づく強引な類推が目につく。特にビューロウはその傾きが著しい。植民地化前に「女性が搾乳していた」(Bülow 1993: 529) とするのも、その判り易い一例である。植民地化以前は、女性が牧畜に関わらなかっただけではない。女性が牛に手を触れるのはタブーであり、万一女性が雌牛の乳首に触れれば、その乳首は固くなって乳を出さなくなると信じられていたのである。注(3)、注(16)参照。

(19) 一九九二年一二月末に旧憲法下で実施された複数政党体制での総選挙でも、そのような例を挙げられる。総選挙に先立って、政党別に各選挙区一人づつの候補者を決める予備選挙が行われた。ボメット県の一部である（当時の広大な）チェパルング選挙区では、政権党であるケニア・アフリカ人国民連合（ＫＡＮＵ：Kenya African National Union）の候補者の椅子を四人の男性に伍して一人の女性、マルタ・マセティが争った。

(20) ずっと後年のことになるが、二〇一七年八月の総選挙は、二〇一〇年に公布され、大幅に民主化されたケニアの新憲法下で実施された二回目の総選挙だった。新憲法が実現した地方分権は各県の知事に巨大な権力を分与したが、注目すべきことにこの総選挙でケニア最初の女性知事が誕生した。その三人の内の一人が、キプシギス人のジョイス・ラボソというボメット県知事である。なお彼女の実姉、故ローナ・ラボソも国会議員として人気があった。

(21) キプシギスは、植民地化以前は、一種の「獣葬」を慣行としていた。死者の家族の一人が遺体を最寄りの藪地まで（元は素裸になって）運んで行ってそこに遺棄して、ハイエナが貪るに任せた。植民地政府が埋葬を命じた後も、それは「妻の家」単位でごくひっそりと行われていた。教会や村が葬儀に関与して大きな行事になり始めるのは、ボメット県では漸く一九九〇年頃のことである。

(22) ところで、ここでは詳述できないが、牛を用いた犂耕は、キリスト教系の学校で教育された一人の青年が一九三〇年か一九三一年に口火を切った。この場合も、近隣の者の家畜による食害を防いで紛争を予防するために耕作者は自分が占有している耕地の回りに柵を巡らすべしという慣習法を逆手にとって犂耕を認めさせ、やがてこれを利して土地の囲い込みを始めた（Manners 1962: 506, 1967: 292）。人々は彼を蔑み、非難したが、慣習法は作付け面積の大きさを制限していなかったので罪に問えなかった。皮肉にも、人々が彼の手口を真似て囲い込みを始めるまで、この青年の囲い込み地の拡大をくい止めることはできなかったのである（Manners 1964: 274）。犂耕と土地の私有化に先鞭を付けた彼のやり口が、まさしく「女の知恵」と同じ性格の「知恵」にほかならなかったことに注目しなければならない。注（2）、注（5）参照。

《参考文献》

Barton, C. Juxon（1923）"Notes on the Kipsigis or Lumbwa tribe of Kenya Colony", *Journal of the Royal Anthropological Institute*, 53: 42–78.

Bülow, von Dorthe（1993）"Bigger than men? Gender relations and their changing meaning in Kipsigis", *Africa*, 62(4): 523–546.

Driberg, J. H.（1932）"The status of women among the Nilotics and Nilo-Hamitics", *Africa*, 5(4): 404–421.

Evans-Pritchard, E. E.（1951）*Kinship and Marriage among the Nuer*, London: Oxford University Press.

Gluckman, Max（1950）"Kinship and marriage among the Lozi of Northern Rhodesia and the Zulu of Natal", A. R. Radcliffe-Brown and Daril Forde（eds.）, *African System of Kinship and Marriage*, pp. 166–206, London: Oxford University Press.

Herskovits, M. J.（1926）"The cattle complex in East Africa", *American Anthropologists*, 28(1): 230–272, 28(2): 361–388, 28(3): 494–525, 28(4)633–634.

Huntingford, G. W. B.（1953）*The Southern Nilo-Hamites*, London: International African Institute.

Huxley, Elspeth.（1944）"Labour: a review or past history", Elspeth Huxley and Margery Perham, *Race and Politics in Kenya*, pp. 76–83, London: Faber and Faber.

Komma, Toru（1981）"The dwelling and its symbolism among the Kipsigis", N. Nagashima（ed.）, *Themes in Socio-cultural*

Ideas and Behabiour among the Six Ethnic Groups of Kenya, pp. 91–123, Tokyo: Hitotsubashi University.

Komma, Toru (1984) "The women's self-help association movement among the Kipsigis of Kenya", *Senri Ethnological Studies* (*Africa 3*), 15: 145–186.

Komma, Toru (1992) "Language as an ultra-human power and the authority of leaders as Marginal men: rethinking Kipsigis administrative chiefs in the colonial period", *Senri Ethnological Studies* (*Africa 4*), 31: 105-157.

Manners, R. A. (1962) "Land use, trade and growth of market economy in Kipsigis country", P. Bohannan and G. Dalton (eds.), *Market in Africa*, pp. 493–517, Evanston: Northwestern University Press.

Manners, R. A. (1964) "Colonialism and native land tenure: a case study in ordained accommodation", Robert Manners (ed.), *Process and Pattern in Culture, Chicago*: Aldine Publishing Company.

Manners, R. A. (1967) "The Kipsigis of Kenya: culture change in a 'model' East African tribe", J. H. Steward (ed.), *Contemporary Changes in traditional Societies*, pp. 205–360, Urbana: University of Illinois Press.

Murdock, G. P. (1949) *Social Sturucture*, New York: Macmillan.

Orchardson, I. Q. (1961) *The Kipsigis*, Nairobi: East African Literature Bureau.

Peristiany, J. G. (1939) *The Social Institution of the Kipsigis*, London: Routledge & Kegan Paul.

Peristiany, J. G. (1956) "Law", E. E. Evans-Pricard *et al., The Institutions of Primitive Society*, Glencoe: Free Press.

Rosaldo, M. Z. and L. Lamphere (1974) "Introduction", M.Z. Rosaldo & L. Lampher (eds.), *Woman, Culture and Society*, pp. 1–15, Stanford: Stanford University Press.

Schipper, Mineke (1992) *Source of All Evil: African Proverbs and Sayings on Women*, Johannesburg: Ravan Press.

Sørensen, Anne (1993) "Women's organisations among the Kipsigis: change, variety and different participation", *Africa*, 62 (4): 547–566.

上野千鶴子（一九八六）『女は世界を救えるか』勁草書房。

小田　亮（一九九二）「『男性優位の普遍性』再考」『人間科学』（桃山学院大学）第三号、一四三—一五七頁。

小馬　徹（一九八二a）「キプシギス族の〝再受肉〟観再考」『社会人類学年報』第八号、一四九—一六〇頁。

小馬　徹（一九八二b）「ケニアのキプシギス族における女性自助組合運動の展開」『アフリカ研究』（日本アフリカ学会）第二二号、一—一九頁。

小馬　徹（一九八四）「超人的な力としての言語と境界人としての指導者の権威」『アフリカ研究』（日本アフリカ学会）第二四号、一―二二頁。
小馬　徹（一九八五ａ）「東アフリカの〝牛複合〟社会の近代化と牛の価値の変化――キプシギスの家畜貸借制度（*kimanakta-kimanagan*）の歴史的変化と今日的意義をめぐって」『アフリカ研究』（日本アフリカ学会）第二六号、一―五四頁。
小馬　徹（一九八五ｂ）「『女の知恵』を買う話」『通信』（東京外国語大学アジア・アフリカ言語文化研究所）第五五号、一一頁。
小馬　徹（一九八七）「強姦をめぐる男女関係の種々相――ケニアのキプシギスの事例から」『文化人類学』第四号、一七〇―一八七頁。
小馬　徹（一九八八）「西ケニアにおける妊婦の特異な食欲（food cravings）をめぐって」『第25周年記念学術大会研究発表要旨』（日本アフリカ学会）、一九頁。
小馬　徹（一九九〇）「死と蘇生――ケニアのテリック人とティリキ人の死の文化の変遷」『国立民族学博物館研究報告』第一五巻第一号、一一五―二〇四頁。
小馬　徹（一九九一）「知恵と謎々――キプシギスの子供と大人」『社会人類学年報』第一七号、一九―五〇頁。
小馬　徹（一九九四）「ケニアの二重法制下における慣習法の現在――キプシギスの『村の裁判』と民族、国家」神奈川大学日本常民文化研究所（編）『歴史と民族』平凡社、第一一号、一三九―一九一頁。
小馬　徹（一九九五ａ）「西南ケニアのキプシギスとティリキ人の入社的秘密結社と年齢組体系」神奈川大学人文学研究所（編）『秘密社会と国家』勁草書房、二三四―二六七頁。
小馬　徹（一九九五ｂ）「国家を生きる民族――西南ケニアのキプシギスとイスハ」『人類学がわかる。』朝日新聞社、一四八―一五三頁。
中林伸浩（一九九一）『国家を生きる社会――西ケニア・イスハの氏族』世織書房。

第四章　タプタニがやって来る

——女性同士の結婚の「夫」を生きる

はじめに

「人生は歩く影法師、哀れな役者だ。出番には舞台を闊歩するにしても、さもなければ音沙汰もない」。マクベスの口を借りて、シェークスピアは、そう人生の哀感を慨嘆している。

人生という舞台。その舞台上で期待されて演ずるべき役割とは、超個人的な実在であるペルゾナ（仮面）を纏ってそれに制動されることであり、その役割演技は個を強く抑圧して型に嵌め込んで了う。それにもかかわらず、どの役割もそれを演じる個の独自性において遂行される以外に道はなく、だからこそ可笑しくも悲しい人間の実存の諸相がその両面の軋轢と葛藤の中で立ち現れてくる。この場合、その演じるべき個人が生み込まれた社会の構造が固ければ固いほど、ペルゾナはその個性とそれだけきつく擦れ合い、強く軋み合う。

それゆえにこそ、人類学の参与観察手法によるフィールドワークの醍醐味は、異文化の懐に深く飛び込んで人々が被っているペルゾナの裏側の声を精妙に聞き分け、演じる者の秘められ抑圧された表情に目を凝らしつつ、人間の個々の実存を普遍に向かって見通すことの内にあると言える。

さて、女性同士の結婚である「女性婚」(woman marriage) の「夫」と「妻」は共に、父系社会の固い構造の裂け目に生じることになった独特のペルゾナである。「女性婚」は、社会の存続維持に当って極めて余裕の乏しい東部アフリカの幾つかの小さな伝統的な社会で今も往々見られ、その「夫」と「妻」は、他に生きる術のない女性たちがそれを身に纏うことを選びとるペルゾナでもある。分けてもその「夫」であるとは、女性が男性ジェンダーを生きることを意味する。本章は、その「夫」の実存に寄り添おうとする試みである。そこで、まず一人の親しい老女をスケッチ風に紹介しよう。

一 「男」を生きる老女アンジェリーナ

二〇〇四年三月二三日の昼下がり、筆者は住み慣れたキプシギスの土地、N村の寓居で、年若い助手のピーター(以下、登場人物は全て仮名)と翌日の調査の打合せをしていた。そこへ、Tシャツにプリーツ・スカート姿の恰幅のいい老女が、大声で威勢よく筆者に呼びかけながら賑やかに繰り込んできた。彼女はアンジェリーナといい、一九七九~八〇年の最初の調査以来の知己だが、その頃はもう幾年も会っていなかった。一九一六年生まれという身分証の記載に掛け値がなければ、(当時)九十歳に手が届こうというのに、相変わらず活力に満ち溢れていかにも元気そうで驚かされた。

アンジェリーナは、「旦那(筆者)をこんなちっちゃな坊やの頃から知っているんだよ」と切り出して、のっけからピーターの度肝を抜く。そして、「旱魃だろう。ここ二、三日何も食べてないから、無心に来たんだよ。死ぬよりはましだもんね」と言い放った。ニコニコ笑って、小額紙幣を手渡してから茶を勧めると、いかにも懐かしそうに昔語りを始めた。それから徐に、「旦那は（バルイヤ諸民族中の一民族である）ティリキ人の間でも住み込みで調査をしたそうだけど、いいかい、ティリキ人にゃ二種類あるんだよ、気を付けな。カレンジン人のティリキ人と、ルイア人のティリキ人とね」と言う。「うんうん、そうだけど、良く知っているもんだね」と応じる。ティリキの中心地カイモシの小さな町で暫く働いたことがあるのだそうだ。それから話は、メードとして白人に仕えた首都ナイロビや、インド洋に面した東海岸の古くからの港町モンバサ時代のことに移って、徐々に間延びし始めた。それまで呆気にとられ、すっかり気押されていたピーターも我に返って、「あ、あのね、今仕事中だから。その話はまた何時か……」と水を差す。「あ、そうそう」とあっさり引き取ったアンジェリーナは、「有り難う、有り難う。神様のお恵みを！」と礼を言って帰ろうとしたが、戸口でくるりと踵を返すと、大声で捨て科白を吐いた。「何も口に入らなかったら、また明日もやって来るからね！」。

遠ざかる後ろ姿を眺めやって、私は「なあに、来やしないさ」とピーターに微笑みかけた。彼は、「スワヒリ語がわかる女性など、若くてもまずいないから。あのスワヒリ語は本物ですよ。それに、何でもかんでも知ってそうだ」と、もう一度驚いてみせるのだった。

アンジェリーナは、辺りではタプトゥルル（〔上着を〕胸元までたくし上げる女）という蔑みを含んだ渾名で知られる名物の老女で、女性婚の「夫」なのである。荒っぽいけれど磊落闊達な気っ風や憎まれ口も、またことさら（東アフリカの共通語で、商業語でもある）スワヒリ語で私に話しかけるのも、「男」である自分を見せつけようとして身に付けた外連だ。この日、彼女は掛け値なしに困り果てていたが、筆者には打ち解けて屈託のない愉快なオバアチャンであり、誠に心懐かしい人だった。しかしながら、かつてひっそりと寄る辺無い身の不安を打ち明け、底知れない孤独と悲しみをしみじみと物静かに語ってくれたことがある——ずっと以前、一九八四年一二月初めの或る午後のことだった。

二　キプシギス社会のヤモメたち

南ナイル語系の農牧民であるキプシギス人の土地は、南西ケニアのほぼ赤道直下の標高一五〇〇～二〇〇〇メートル程の高原地帯に位置している。長く住み込んでみて、父系社会でありながら、父親不在のヤモメ（一人暮らしの女性）所帯が実に多いことに気づいた。

1　様々なヤモメの形

それらの母子家庭の主（ヤモメ）は、①通常の未婚の母、②夫と死別した寡婦、③夫と（一時的に）離別した妻、④息子がない母親の家（「妻の家」：後述）の存続のために（本来ならいるはずの兄弟の代りに）家に残った娘（未婚の母）、⑤女性婚の「妻」、ならびに、⑥その「夫」、に分類できる。なお、⑤と⑥を敢えてここで挙げたのは、女性婚の「夫婦」の折り合いが悪いことが多く、大概は（「一時的に」であれ）離別して暮らしているからである。

キプシギス社会にヤモメ所帯が多い理由は、概ね①～③のカテゴリーのヤモメの多さによって説明できる。まず、一夫多妻制下では夫と二番目以下の妻の年齢差が大きくなるのが普通で、しかも慣習法は、妻に夫と死別後の再婚の権利を全く認めていない。それゆえ、②の寡婦が必然的に多くなる。また一九八〇年代以降、婚前に低年齢で出産する娘が特に著しく増えているが、彼女たちが結婚できる可能性は極めて低い。というのも、二〇〇以上ともいわれる多数の父系氏族相互の政治的団結を氏族外婚制によって実現して民族を統合してきたキプシギス人にとって、未婚の母となることは極めて重大な反社会的行為とされ、未婚の母は、最も「不浄な」(*ng'wan*:「苦い」)者として忌避されるからである。[1] その結果、①のカテゴリーのヤモメが至る所に存在することになる。慣習法は、兄弟たちによる親の財産独占を前提としている。彼女たちは、その父親の土地の耕作権と相続権を不法に脅かす者として兄弟から忌み嫌われ、大概は食うや食わずの困窮に喘いでいる。そして、それがキプシギスの父系社会を根底から揺るがす、深刻で構造的な社会問題になってから既に久しい。

さらに、③のヤモメ(寡婦)が多いのは、次の事情による。キプシギシスでは、離婚するには、新婦の家族が娘の婚資として新郎の家族から受け取った牛とその子孫を、一頭残らず返還しなければならないという厄介な規制がある。慣習法のこの余りにも非現実的な規定が離婚を強力に抑止しているのだが、事の反面として、「一時的な離婚」(妻の実家帰り)はどこの土地でもごくありふれた事態なのである。なお且つ慣習法では、その間に妻が産んだ子供たちは夫の合法的な子供と見做される。

事情が一層わかりにくいのは、④~⑥のカテゴリーのヤモメだろう。その理解のためには、まずキプシギスの「家」と氏族の維持・再生産に関する慣行を概観する必要がある。

2　キプシギスの家族と「家財産制」

今日では単婚家族が多くなっているものの、キプシギス社会は、一夫多妻制を構造的な前提とする社会である。そして、夫を扇の要（結節点）とする複婚家族を「夫の家」（*kap-chi*）、それを構成する各々の妻単位の核家族を「妻の家」（*kop-chi*）と呼ぶ。

（英国による）植民地化以前のキプシギスの家族は、構成員の性と世代の差異に基づいて、（半日から一日行程ほど隔たった）母村と牛牧キャンプに棲み分けていた。キプシギスの伝統的な居住形態には、それとともに、「夫の家」が寄り集まって単一のコンパウンド（複合住居態）を形成しないという、別の著しい特徴があった。しかも、「妻の家」同士が地理的に大きく隔たっていることが理想とされ、その間隔が数十キロメートルに及ぶことも多かったし、今もそうした例が珍しくない。その目的は、妻同士の嫉妬の緩和と、家族や家畜が疫病や敵襲で一気に全滅することの予防にあるとされている。

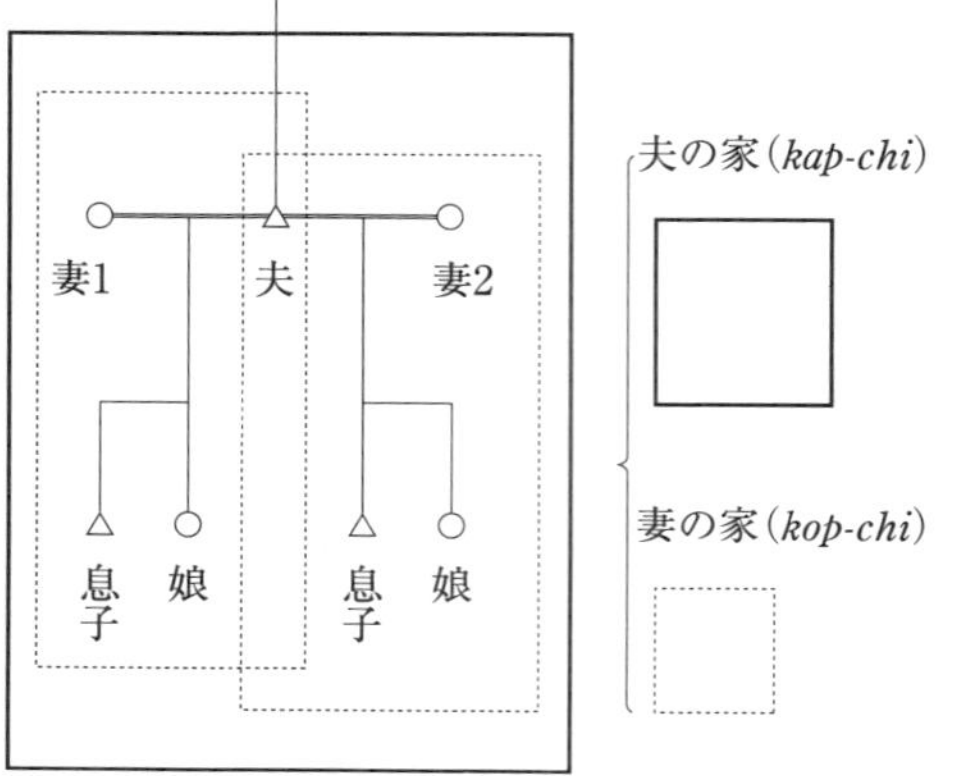

図１　キプシギスの（複婚）家族の概念図

次に、相続に関するキプシギスの伝統の特徴は、夫の家産が「妻の家」の間で厳格に均分相続されることだ。つまり各々の「妻の家」は、息子の多寡に拘らず、夫の遺産を等分して相続する。また各「妻の家」の息子たちは、同母姉妹を婚出させて得た婚資の家畜（牛、山羊・羊）を独占して、それらを自らの結婚時に支払う婚資に充てる権利をもつ。このように、「妻の家」同士の間で地理的・心理的な距離感覚が極めて大きく、全ての「妻の家」が団結・協同すべしという「夫の家」の理念は、実効性を欠く場合がほとんどだ。だから、実際の日常的な協同単位は村（近隣集団）であって、「妻の家」の自立性は社会的にも経済的にも顕著なのである。グラックマンは、南アフリカのズールー人の事例を取り上げ、キプシギス人のこの慣行に相同のズールー人の慣行を「家財産制」（house property system）と名付けている（Gluckman 1950）――本書第三章第三節参照。本書でも、以下にこの意味で「家財産制」という用語を用いたい。

3　様々な補完的リプロダクションの慣行

「妻の家」の独立性を保証する「家財産制」原理を貫徹するには、不妊の妻や、娘だけしか産まなかった妻の「妻の家」の財産も保全して、誰かに受け嗣がせ、それらの「妻の家」も存続させなければならない。これが、次に見る種々の父系的な擬制の制度的な根拠なのである。

まず、息子を産まなかったり、或いは産んだ息子が全員結婚前に死亡して嗣子がないまま妻が閉経した場合、夫は自ら婚資を払ってやり、その老妻を女性婚させてやる義務がある。そしてその老妻は、確実に子供を産める（か実際既に息子を産んで持っている）若い女性を「妻」に迎えて「夫」となる。すると、夫の氏族員の男性の一人が「妻」の公認の性的な後見人に選ばれて、嗣子となる男児を「妻」に産ませることに責任を持つが、彼には「妻」やその子供たちへの経済的な援助も同時に期待されている。なお、女性婚でも、正式に型通りの婚姻儀礼を行い、通常の額の婚資支払いが行われる。

「妻」が女性婚後に産んだ子供と連れ子は、老夫妻（つまり「夫」とその夫）の法的な孫と見做される。一方、「妻」の性的後見人は、子供たちの「集合的な父」（実父の同世代の男性同氏族員）の一人ではあっても、法的な父親（pater）の資格を与えられない。この性的後見人には――人柄と経済状態に特に大き

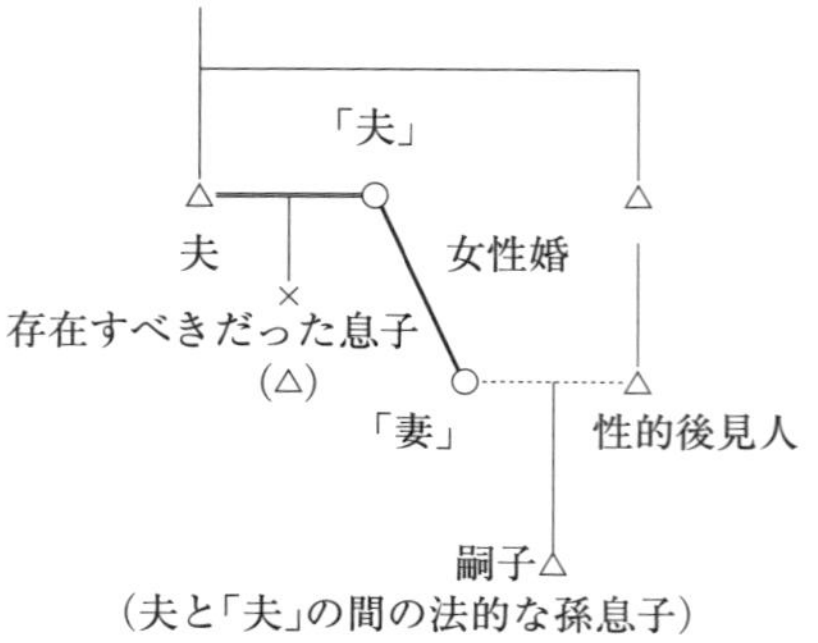

「夫」
夫
女性婚
×
存在すべきだった息子
（△）
「妻」
性的後見人
嗣子
（夫と「夫」の間の法的な孫息子）

図２　女性婚と嗣子の法的な位置

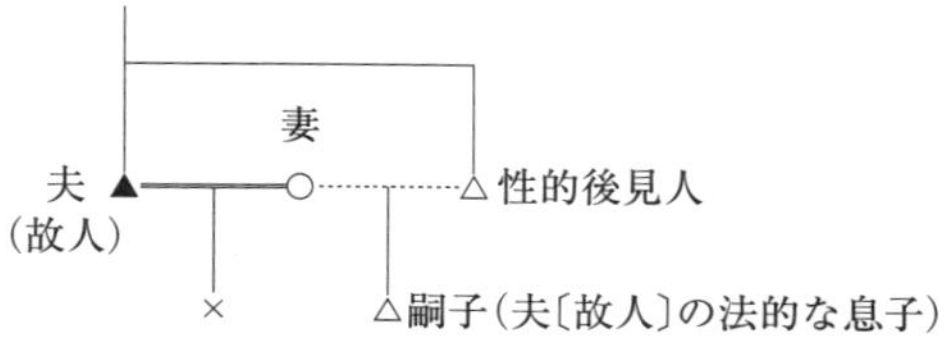

妻
夫
（故人）
性的後見人
×
嗣子（夫〔故人〕の法的な息子）

図３　「相続」と嗣子の法的な位置

な問題がない限りは——「夫」の夫の（同腹か、または異腹の）兄弟の（未婚の）息子が優先的に選ばれることが多い。つまり彼は、夫と「夫」の間に本来は存在している息子の代理人と考えられているのである。

また、夫が子供または息子を残さずに死んだ場合も、妻は婚姻を解消できず、同様に夫の氏族員から選ばれる公認の性的（・経済的）後見人の力を借りて、夫の跡取り息子を産まねばならない。この性的後見人の役割は亡夫の代理とされ、やはり彼の（同腹または異腹の）兄弟の一人が選ばれて担うのが規範である。この慣行は遺産相続の場合と全く同じく「相続」（*kiindi*）という語で呼ばれるが、人類学上の術語としては（ラドクリフ＝ブラウンのいう）レヴィレートが該当する（小田　二〇〇五：一一二）。

これら両方の擬制では、こうした間柄で生まれた子供たちが十分に成長した後（大概はイニシエーションを受礼して成年した時に）、性的な後見者には「奉仕」に対する報酬として牛一頭が贈られ、その後一切の関係が清算される。

今では、これら両例のヤモメ、中でも「相続」の対象となる寡婦が、氏族の介入を拒んで、自らの意志で性的後見人を選ぶのがむしろ普通になった。男性たちは、公認の性的後見人の指定は、夫の家族と氏族の権利でも義務でもあると強調する。そして、仮りにも寡婦の放縦を認めてしまえば、氏族や家族の間に小さからぬ軋轢と不和が必ず生まれて、民族共同体もまた危険に瀕することになるという。だが、植民地統治が、既にこの慣行に関しても不可逆的な変化をもたらしてしまった。植民地期、アフリカ人同士の係争は原則的にアフリカ人裁判所（African tribunal）で当該民族の慣習法に基づいて審理されていたが、キプシギスの（寡婦の）「相続」慣行は自然的な「正義と道徳」に悖るので例外事項とされ、英国法が寡婦の自由を積極的に保護したからである。

さらに、妻に息子がなかったり、息子が結婚前に皆死亡した場合でも、万一娘がいるのであれば、女性婚や「相続」以外の便法も他にある。すなわち、娘の一人（大抵は末娘）を未婚のまま家に残すか、実家を離れて既に未婚のまま余所で子供を産んだ娘の一人を呼び戻して、彼女の息子を跡取りにするのである。ただし、その場合、母親が羊の尾の脂を娘の首に塗る塗油儀礼（*kailet*）を執行して、公式に社会的な認知を得なければならない。家に残されるこの娘を「（夜通し炉にくべて火（*maat*）、すなわちそれが象徴する氏族の世代を超えた生命の流れ）を確保する太い薪（*suben*）に属する者」（*Bosuben*）と呼ぶ事実は、この便法の性質と社会的な位置付けを雄弁に物語っていよう。そして彼女の息子は、割礼後、その事実に因んで、「太い薪に属する者の息子」（*arap Bosuben*）という、変則的な擬似父称で呼ばれるのである（Komma 1981）。

注意しなければならないのは、こうした最後の便法が、「自家消費」的な仕方に訴えて氏族間の女性の交換を阻む点で、社会結合の原則を裏切り、「利己的な」性質をもつものであることだ。つまり、外婚的

表1　キプシギス社会のヤモメ（一人暮らしの女性）の分類と各々の特徴

ヤモメのカテゴリー	地位	備　考
①通常の未婚の母	娘	所属すべき氏族がないとされ、父親の財産の相続権利もない。母親の家・土地に依存。
②夫と死別した寡婦	成女	離婚できない。夫の氏族指定の性的なパートナーは、今日では拒める。子供は夫に属する。
③夫と（一時的に）離別している妻	成女	慣習法の規定により、離婚は実質上不可能。この状態にある女性がとても多い。
④息子がない母親の「妻の家」の存続のために家に残った未婚の母	娘	父親の財産を相続する。自由に性的なパートナーを選ぶことが多い。
⑤女性婚の「妻」	成女	①のヤモメが財産と安定した社会的な地位を得ることができる地位として、近年女性たちが評価する。
⑥女性婚の「夫」	男性	不妊か息子のない老女。娘がいれば、⑥にならずに、娘を④にすることも可能。

父系氏族間の婚姻による団結によって民族を一つに統合するキプシギスの父系社会の構造化の原理に反していて、この意味で「反社会的」とも見做し得るのである。無論、この場合に限って、性的なパートナーは父親の氏族員以外の者がなる。なお、この便法で家に残された娘は、通常の未婚の母のようにわがままで無責任、無法な存在と一方的には見られず、それなりの社会的な待遇を得ている。

かつて「太い薪に属する者」型のヤモメは、確実に子供を得るために、息子をもつ名だたる勇士に対して彼の子種を求める合法的な権利をもっていた。つまり、ミルク瓢箪一杯に牛乳を満たし、それを携えて意中の勇士の妻の許を訪れ、彼女の夫である勇士との同衾を嘆願した。この時に「私には子牛（*moek*：つまり子種）が要るのよ」という儀礼的な殺し文句を用いると、勇士の妻も決して拒めなかったのである。

4　寡婦であることの得失

さて、ここでもう一度、キプシギス社会の（分析的な）ヤモメの類別を確認しておけば、次の通りになる。①通常の未婚の母、②夫と死別した寡婦、③夫と（一時的に）離別した妻、④息子がない母親の「妻の家」の存続のために（本来存在しているはずの兄弟の代理として）家に残った未婚の母、⑤女性婚の「妻」、ならびに、⑥女性婚の「夫」（表1）。では、これらの諸カテゴリーは、女性たち自身によって、それぞれ一体どう評価されているのだろうか。

まず寡婦であること自体の評価には、両面性がある。残念ながら、キプシギスの男性には——東アフリカの伝統的な民族社会の常として——酒浸りで家庭を顧みない者が少なくない。中には、妻に暴力を振るうばかりか、妻が死に物狂いで稼いだ農作業の労賃や野菜の売上げなど、なけなしの生活資金さえも奪い取り、浪費して恥じない者もいる。だからヤモメの地位については、伴侶の理不尽な横暴からの自由を謳歌できるという利点を挙げる者が少なくない。

だが、一般にヤモメは困窮していて、経済的に自立したヤモメ所帯はごく珍しい。特に①（通常の未婚の母）の場合、父系のキプシギス社会では、実家にさえ安らかな身の置場がないのが通例だ。父親の存命中は（もしそうすれば父親の死を望む呪詛になるとして）土地を分割も相続もしないのがキプシギス民族の強く父権的な伝統であり、且つ兄弟たちは自分たちに固有の権利の侵犯者として姉妹を邪険に扱うのが常である。そこで彼女たちは、偏に母親の庇護に縋って彼女の暮らしのために割かれた小さな畑の一角を借りて耕作し、母親の小屋で暮らす他に手だてがないのである。その子供たちは、学校でばかりか祖父の家でも、「どの氏族にも属さない者」と仄めかす嫌がらせに苦しめられることになる。そして老父が死に、やがて母親も亡くなると、①のヤモメは、ついに身の置き所も行き場も失ってしまう。だから、何がなんでも、それ以前に自立する道を捜し求めなければならないのだ——本書第六章第一節、第六節参照。

一方④（息子がない母親の「妻の家」の存続のために家に残った未婚の母）は、両親の土地と家畜を独占できる、しかも夫の横暴に苦しむことも無論ない。また、②（夫と死別した寡婦）のように、夫の氏族が性的なパートナー（夫の氏族員）を一方的に指定して押し付けてくる圧力からも自由なのだ。今日では、密かに放縦な性生活を享受することさえも、しようと思えば謳歌できる。だから、或る意味では、最も自由な条件に恵まれたカテゴリーのヤモメだとも言えよう。ただし、彼女に唯一、そして決定的に欠けているのが正式に公認された社会的な地位だ。未婚なので依然として——①と同様——「娘」（*chepto*）であって、「成女」（*chebioset*）の尊称もそれに相応しい尊敬も原則的には得られず、往々心ない性的なハラスメントに苦しむことにもなる。

三　女性婚の「夫」と「妻」

さて、いよいよこの節では、女性婚の「夫」と「妻」という最も特殊なヤモメのあり方についてもう一歩踏み込んで考えてみよう。或いは意外かも知れないが、今日では、女性婚の「妻」という地位に対して、女性たち、少なくともヤモメたちは、必ずしも一方的に否定的な評価を与えていない。

1　女性婚の「妻」であること

キプシギスの「家財産制」は、全ての成人女性が（何らかの形で）男性嗣子を得る（*kilalmaatap oret*：氏族の「火」を起こす）ことを基本原則とする制度でもある。既に見たように、閉経した不妊の老女は女性婚をしてその結果「夫」になれる。男児を産むことなく閉経した老女もまた同じ権利をもつ。ただし、彼女はそれを放棄して、娘の一人を未婚のまま家に残し、その娘が産んだ息子を自分の嗣子にしてもよい。キプシギスの民族社会は、これらの諸制度や複婚制によって、全女性が何らかの形で（実質的に）財産を保有することを今日まで一貫して保障し続けてきたのである。これには、前近代社会の一種の女性福祉制度だと言える側面があろう。

成年諸儀礼のどこかの段階でしくじったり、結婚前に妊娠・出産して「穢れた」存在になった女性、或いは、足萎え等、身体の何処かに障害がある女性は、老人の二番目以下の妻や女性婚の「妻」になるのが常だったが、それは喜ばしい地位とは考えられてこなかった。今日、キプシギス人の大多数が（少なくとも名目的には）キリスト教の何れかの派の信徒なのだが、キリスト教、特にプロテスタント諸派は、（ケニアや南スーダンの他民族にも見られる）女性婚は退嬰的な旧弊だと、常々強く非難してきた。ケニアの日刊紙も、時折特集記事を組んでは、好奇の目でこの地方的な慣行を論評してきた。

ところが、女性たち自身が、今や女性婚の（現代的な）意義を認めている。しかも、女性自助組合運動に加盟しているような進歩的な若い女性でも、（特にシングル・マザーである場合に）進んで「妻」になることを望んでさえいる。というのも、今や①のカテゴリーのヤモメが一人もいない家族は田舎でも珍しく、彼女らが女性婚の「妻」や老人の妻になれる機会が——上記のような非難も手伝って——既に希少化しているからである。

こうして女性婚の「妻」の地位は、若いヤモメが成年後に得るべき（父親の氏族ではない別の）氏族の成員権と正式の社会的な地位、さらには（生産手段としての）土地と家畜という不動産や動産を獲得するうえで、極めて有効な手だてと現実的に認められているのである。

2　女性自助組合の議長になった「妻」

私は以前に、この面で刮目すべき出来事を既に報告している。一九九七年、全国組織の女性自助組合、「女性の進歩」（*maendeleo ya wanawake*）の（県と郡の中間の行政単位である）区の役員選挙で、レイチョ（一九五五年生まれ）という女性婚の「妻」が議長に選ばれたのだ。彼女は、中学二年までの九年間の教育を終了したが、婚前に二人の男児を産んだ。そして、K郡M村に住むキプトー・アラップ・ロティッチ（一九一五年生まれ）の二番目の妻で、子供がなかった（一九二四年生まれの）タプサベイの「妻」になった。タプサベイが選んだレイチョの性的なパートナーは、自らの僚妻（*siet*：夫の別の妻）の息子（一九五四年生まれの）キビー・アラップ・トーだった（小馬　二〇〇〇）。レイチョは、「夫」の提案に抗うことなく同意を与えた。

さて、この区の男性たちは、「女性の進歩」の夢想だにしなかった選挙結果に激しい衝撃を受けた。というのも、キプシギスの民族慣行では、女性婚の「妻」は「妻の妻」として二重の従属性を帯びていて、女性の間でも副次的な地位に甘んじるべき存在だとされていたからである。一方男性たちとは異なり、女性たちは極めて実際的に、彼女のリーダーとしての個人的な資質そのものを高く評価したのだった。

特に注目に値するのは、幼稚園の教師とはいえ、もしレイチョが女性婚で安定した生活基盤を既に得ていなかったらこうした重要な役職には就けなかった、と女性たちが口々に述べた事実である。この事実は、言い換えれば、女性婚の「妻」が——たとえ最善ではなくとも——女性の十分に正当な地位の一つだと今日の若い女性たちが見做していることを裏書きしていると言えるのだ。女性から見て、女性婚の「妻」は、もはや男性たちが言う二重に従属的な地位などではなく、むしろ女性を従属的な地位から解放する可能性を保証してくれる、実質的で、魅力的な制度なのである。

一九九七年のその区の「女性の進歩」役員選挙の結果は、女性たちのこうした実際的で、且つ肯定的な「妻」観を、誰の目にも明らかな形で浮き彫りにしたのであった。(2)

3　女であることと男になること

さて⑥（女性婚の「夫」）は、以上の観点からしても、少なくとも表面上、⑤（女性婚の「妻」）とは対照的な社会的地位を占めていると言えよう。「夫」の地位は、ヤモメが巧みに流用して（女性としての本来の）社会的地歩を固めるのには必ずしも益せず、むしろ父系的で父権的な民族の伝統的政治構造を担保するための代替的な地位であるように見える。そして、実際、⑥と他の全てのカテゴリー（①〜⑤）のヤモメとの決定的な差異は、⑥が女性であることを止めて（ジェンダーでは）男性になることを例外なく目指すことになるという点にある。

ところで、先述の通り、娘だけを産んで閉経した老女は、閉経した不妊や不産の老女と同じく、女性婚の「夫」になれるのだが、家に残した未婚の娘の息子を跡継ぎにすることもできる。そして、そのどちらを選ぶかで、彼女の後半生は全く別のものになる。というのも、女性婚の「夫」は、「女性婚」を契機として、社会的には（半ば）男性の属性をもつようになるからなのだ。すなわち、女性婚をした直後から、「夫」は夫とは所帯と生活を共にせず、夫の身の周りの世話も一切放棄する――それをすることは、タブーとして禁じられてさえいる。[3] 一方夫の方は、間もなく他の妻と暮すか、別の女性と新たに結婚して、所帯生活を再開する。

娘だけを産んで閉経した（かそれに相当する境遇の）女性がこの二つの可能性の内どちらを選ぶかは、単純に一般化できない。筆者は、そうした状況で女性婚の「夫」となることを望んでいる老女の例を既に別の所で報告した。その老女の場合、夫ならびに娘との激しい葛藤と反目を繰返し経験していた。その結果、込み入った人間関係を巧みに清算しつつ自分の生活領域を確保して、経済と精神の両面で最大の福祉を得たいと望んでいたのである（小馬　二〇〇〇：一六九―一七二）――第五章第三節参照。

だが不妊の老女の場合には、状況を勘案して選択できる余地はない。「夫」となる以外に選択肢はない。彼女は、その社会的属性を規定すべく、世間の視線が強要するペルゾナ、つまり自己の客体的側面をより強く意識しつつ役割演技を引き受けて生きざるを得ない。そして彼女の内面では、「男性」たる矜持と、それに伴う無闇な強がりへの悲しみとが表裏して、時に自己憎悪の炎が胸を焼くことにもなるのである。

四　女性婚の「夫」を生きる

そうした女性婚の「夫」の内面を具体的に窺い知るには、本章の初めに紹介したアンジェリーナを好例としてその半生を振り返ってみるのが、手っとり早い方策になろう。

1　「上着を胸元までたくし上げる女」の半生

アンジェリーナは、一九一六年、（ケニア独立後に、キプシギス人と相隣って住むグシイ人の土地に編入された）イソゲの地で父キプケイノと母チェランガットの第三子（長女）として生まれた。一九三五年末にイニシエーションを受け、一九三六年初め、同地に住むアラップ・スグートと結婚してその二番目の妻になった。彼には、一九二八年に結婚した別の妻が既にいたのである。求婚儀礼（*koito*）で最も多くの牛を婚資として支払うと約束した者に娘を与えるのがキプシギスの父親の通例で、彼女は、父親の問答無用の決定に従うしかなかった[4]。その夫は、悲運にも同年九月、（時折家畜に与えるべき）塩土（*ng'enda*）採りの最中に、坑道の崩落事故で突然亡くなってしまった。

アンジェリーナは、亡夫の氏族が指名した性的後見人を頑に拒んだ。そこで夫の家（と氏族）は、仕方なく、彼女自らの意思で亡夫の氏族員以外の男性を決めて「夫の子供」を作るように求めた。それを受け入れたのだが、アンジェリーナは、その後もどうしても妊娠できなかった。幾人もの伝統的な女性占い師（*chepsageiyot*）たちにも診て貰い、繰返し薬草による治療も受けたのだが、なぜか少しも効果がなかったと言う。

一九三八年、父親キプケイノ（単婚）の家族は、アンジェリーナを伴って、（その前年にキプシギスの土地に編入されたばかりの）新開の森林地帯、チェパルング地方西部の一角へ移住した。彼女が両親と行動を共にしたのは、（「家財産制」に従えば、塗油（*kailet*）儀礼を経て離婚していない全ての妻がその権利をもつ）亡夫の土地の分け前を、僚妻（夫の最初の別の妻）に邪慳に拒まれたからだ。夫の氏族もアンジェリーナに対して終始冷淡で、彼女が得たのは僅か数頭の牛だけだったという。

アンジェリーナは、最初は女性婚をする気がなかったという。それには、次のような背景がある。次兄キプコエッチの二人の妻の内、最初の妻は五人の子供を残して若死にした。その末息子クリストファをアンジェリーナが母親代わりになって養育していて、この男の子にやがて自分の老後と財産を託そうと思っていたのである。

チェパルングへの移住後、暫くしてから、先ず（リフトバレー州南部の中心地である）ナクルの町に働きに出、次いで首都ナイロビへ、そしてさらにインド洋岸の古い港町モンバサに移った。こうして人生の大半を送ることになった所は、都会地だった。再び故郷の実家に腰を落ちつけたのは、ケニア独立後六年経った一九六九年のことである。帰郷してみると、自分で働いて作った財産を全て与えようと予て思っていたクリストファが、ろくでなしの酔漢になり果てていた。だから、どうしても別に子供が欲しくなり、女性婚をする覚悟を固めた。

一九七〇年、幼い息子を連れたグレースを「妻」に選んで女性婚する。支払った婚資は、牛四頭と現金八〇〇シリング。それを都会で働いて貯えておいた給金で賄った。なお、当時彼女が得ていた給金の平均月額は一〇〇シリングで、牛一頭の値段に相当した。アンジェリーナは、今や「夫」になったのだからと、それ以来老人（男）たちに交じって地ビール（*maiywek*）を飲んだ。そして酔って帰っては、他の老人たちと同様、家長の責任と称して、些細な事柄でしばしば「妻」を打った。

この頃、アンジェリーナが打擲したのは、グレース一人だけではない。次兄の二番目の年少の妻もまた、彼女の犠牲者だった。実家に程近く住むアンジェリーナは、父親の土地で自分の牛を次兄の牛群と一緒に飼わせて貰っていた。アンジェリーナは、その牛たちの管理が悪いといって、ちょっとしたことで叱ってはグレースを打った。一九七五年、グレースはついに出奔して二度と戻らなかったが、無理からぬことだと人々は言う。グレースは、その後（カレンジン民族群ではキプシギス民族に次ぐ人口を持ち、すぐ北に接して住んでいる）ナンディ人の土地の中心の町、カプサベットに住んだ。

独り暮らしのアンジェリーナに同情した妹が仲介して、一九七六年、アンジェリーナは二番目の「妻」プリシラと女性婚をした。婚資は、牛八頭と子牛四頭、それに現金一〇〇〇シリング。プリシラにも、既に幼い息子キベベットがいた。プリシラの性的後見人には、アンジェリーナの亡夫の氏族員でチェプレルウォに住む、ガブリエル・ボルを選んだ。やがてキプクルイ（男児）とチェムタイ（女児）が相次いで生まれ、アンジェリーナは幸せだった。キプクルイには亡夫の、チェムタイには亡夫の兄の妻の霊が再来して彼らの魂になり、二人の名前がそれぞれの子供の祖霊名（*kainetap kurenet*）になった。(5)

だが、アンジェリーナは「新妻」プリシラに対しても、往々家長の威厳を示そうとして「教育する」ことを止めず、「夫婦」仲は刺々しかった。一九七九年、プリシラもまた息子キプクルイ一人を残して去って行った。そのキプクルイも六歳になって分別が付いた一九八二年、アンジェリーナを捨て、プリシラの許へ去ったのである。なお、プリシラの出奔後、アンジェリーナがまたナクルに働きに出るようになって、往々キプクルイを数日間一人で家に残しておくことがあった。幼いキプクルイは、身も心も凍えて、ただ一人でひたすら孤独に耐えていたのである。

アンジェリーナは、幾つかの領域で、まさしく男そのものとして振る舞おうとした。キプシギス人と隣り合って住む長年の宿敵であるグシイ人との戦いの戦列にも加わった。その好例が、一九七八年の出来事だった。それは、グシイ人がキプシギス人の牛の略奪を計画し、それを事前に察知したキプシギス人が先制攻撃をかけたと(キプシギス側では)説明される事件である。そこここから挙がる甲高い「戦いの叫び声」が野に山に満ち満ちた。そして、両民族の領土の境界である(現在の)ボメット県とニャミラ県の県境沿いに蝟集したキプシギスの戦士の隊列の中に、槍を手にしたアンジェリーナの雄姿があった。

アンジェリーナは、争って男性を殴ったこともある。やはり一九七八年のこと、当時彼女は、(生活が苦しい多くの女性が急場凌ぎに昔も今も行うように)非合法の蒸留酒(*chang'aa*)を自家で製造し、客に売って飲ませていた。或る夜、一人の中年男性の酔漢が、もっと飲ませろとしつこく絡んで、遅くなってもなかなか帰館しようとしなかった。業を煮やした彼女が、この中年男を棒でしたたかに打ち据えて戸外に放り出し、内側から戸口を鎖してしまったのだ。非合法の酒に絡む暴力沙汰だから、男はアンジェリーナを警察に突き出せなかった。ただし、この一件で彼女の「令名」はますます高まった。キプシギスの女性が男性に暴力を振るうのは、まさに反社会的で、「歴史的」な大事件だったからである。無論、「夫」としての社会的な地位に相応しい役割を意識して敢然と気概を示し、「男」らしく振る舞おうとしたがゆえのことだったのだが。

こうしてアンジェリーナに冠された渾名であるタプトゥルル（〔上着を〕胸までたくし上げる女）とは、男に対して何時どこでも戦闘体制をとる猛々しい女を露骨に含意している。

2　構造と感情

前節を見れば、アンジェリーナの半生が、いかに苛酷なものであったかが判るだろう。彼女の不幸の全ての始まりは、夫アラップ・スグートが不慮の突然死を遂げたことにある。しかも、彼の死は、アンジェリーナとの結婚後わずか数か月後のことだった。つまり、彼女の不運の遠因は、当時彼女が夫の家族や氏族とすぐに打ち解けずにまだ十分に統合されていなかったことにある。

ことに、子供を産んでいなかった事実は、重大な要因だっただろう。アフリカのほとんどの社会では、三人（最低一人）の子供を産んで初めて、結婚が正式のものになるとされてきた。ところがキプシギス社会では、まだ子供を産んでいない女性でも正式の婚約儀礼である「結び」（*ratet*）儀礼をきちんと済ませていれば、夫の氏族に既に編入・包摂されたと一応見做される。女性婚や「相続」（レヴィレート）は、まさにそうした条件を前提として実施される慣行なのである。

では、婚約儀礼を経て正式に結婚したはずのアンジェリーナが、なぜ「家財産制」が保証する夫の財産（この場合は特に土地）の「妻の家」単位の均分制による相続分の相続を拒否されたのだろうか。問題は、彼女が夫の家族（氏族）が亡夫の代理人として正式に選んだ性的後見人を拒絶した点にある。新妻にとって、夫の突然の事故死の直後に新たな性的なパートナーを容易に受け入れ難いことは、誰にも十分想像できる。しかし、これは飽くまでも個人の側の感情の論理（情緒）の問題であるに過ぎない。

特にこの場合、アンジェリーナが性的後見人を受け入れるかどうかは、通常の寡婦の場合以上に重大で、恐らく決定的な意味をもっていたはずだ。まだ地位のやや曖昧な新妻であればこそ、逆に夫の代理人と目される性的後見人を甘んじて受け入れて、夫の氏族に包摂されることが何よりも大切だったのだ。これは、社会の側の構造の論理（常識）の問題である。

アンジェリーナは、私情（感情の論理）を優先してレヴィレート（構造の論理）を退け、「氏族の妻」というペルゾナを頑に拒んだ。ここに、苛酷な環境での存続・維持に関して余裕が乏しく、それゆえに伝統的な固い構造をもつ父系社会を生きるべき女性としての大きな躓きがあっただろう。

さて、以上に論じた女性婚、「相続」、娘を家に残して嗣子を得る仕方、夫の氏族による性的後見人の任命などの、近代的な工業社会からみれば一見奇妙な慣行は、いずれも、キプシギス社会の強固な父系社会構造化の原理の綻びをなんとか修復し、補完するための便法である。これらの慣行を社会機能の側面から検討する場合、今でも有効なのは、ラドクリフ＝ブラウンの「機能的統一の原理」(functional unity)の概念だろう。つまり彼は、社会構造のあらゆる構成要素が或る程度の内的な一貫性（或いは調和）のもとに働いているのだという仮説を立てて、そのような働きが作り出す均衡状態を「機能的統一」と呼んだのであった。

こうして、不妊の女性は、子供を産まないという単純明快な事実によって「男性」のペルゾナを纏わされ、そのような便法によって「不完全な女」、つまり本来あるべからざる（子供を産めない）女性であることの不運と不幸を免れることが、一応はできる。では、それが完全な男性になることを約束するのだろうか。確かに、建て前上はそうであろう。しかし人々は、今度は彼女のペルゾナの隙間から「不完全な男」

が覗くのを見ようと絶えず凝視する。彼女は、その視線の真っ只中で、「不完全な男」のはずの彼女が実は「完全な男」なのだと強く主張し、証明しようとして、殊更に役割演技を強化する。だがこの努力の最中、やはり不完全な男にさえなれない「不完全な（不妊の）女」なのだという不幸な意識が、不意に逆流してくることがままある。

ジェンダーのマージナルマンとしてのアンジェリーナたち「夫」。彼女らに往々見られる殊更な外連と空威張りも、また密かな悲しみも、そのような不規則な意識の揺らめきの中にあるのだ。

五　補論としてのタプタニ略伝

アンジェリーナに（本章冒頭に書いたように）久しぶりに会った暫く後、筆者はN村から、小さくて誠に粗末ながらもK村の自前の寓居に引っ越した。そのK村の隣村のk村にも、アンジェリーナよりも十六歳年下でやはり女性婚をした老女、つまりもう一人の「夫」がいる[6]。

1　その名も隠れなきタプタニ

一七〇センチメートルを優に超す上背に恵まれ、細身で鋼を思わせる程の強靭な身体と煮え立つ湯のごとき猛々しい魂をもつそのタプタニは、k村近辺では泣く子も黙る狷介不羈な老女だと口々に噂され、誰からも恐れられている。

その実、彼女は刻苦精励の人であり、密造酒を製造販売しても、その実入りで飼養する乳牛を買い求める堅実さと、ローンを組んで自分の土地を買い増し、しかも確実にローンを返済するしたたかな経営感覚を備えている。しかし、近辺の男たちとは何かに付けて諍っては無用の衝突を繰返し、力ずくで争って男たちを叩きのめしもする。もし、辱めを受けるようなことがあれば、迷わずに邪術的な宣誓[7]に訴えることも辞さない。

タプタニの最も印象的な点は、男性に対して引くことを知らない徹底した剛直さだ。アンジェリーナには、その操る巧みなスワヒリ語と話の端々から窺える経験と知識の豊かさとウィットがある――助手のピーターが目を丸くした通り。彼女は若い頃からの都会暮らしが長く、さらに田舎町で古着の行商をした経験もある。波瀾に満ちた人生行路の傍で諸々の暮らしを垣間見、区々に異なる価値観が同時に存在することも学んでいる。それゆえに、自分自身からも少しばかり距離を置くこともでき、その距離の採り方の揺れが独特の愛嬌を添え、また同時に癒しがたい哀感の深さを感じさせる。他方タプタニは、「牛こそ命」とする文化を生き抜いてきたキプシギスの田舎の慣行と中核的な価値観を一歩たりとも出ない、筋金入りの「夫」たる、片田舎の屈強な老女なのである。

2　不妊というスティグマ

タプタニは、一九三三年一二月、k村の隣村m村に生まれた。父親のキプサンブには三人の妻がいた。母親のタプトゥエは一四人の子供を産んだが、その内無事成長したのは三人に過ぎず、タプタニが唯一の娘だった。因みに、父親のキプサンブも祖父の成人した三人の子供の一人で、唯一の息子だった。キプサンブが三人も妻を持ったのは、いわば夭逝した兄弟たちの分も補って家族（氏族）成員を増やそうとする思惑からだったのだとタプタニは言う。何しろ、家は大きくなくてはならなかったのだ。

タプタニは、一九五一年、数え年の十九歳で、隣人のタプトロンゲイとタプトゥルマットの三人でイニシエーションを受礼した。その期間、その三人の「儀礼的姉妹」(*pamwai*)は、タプトロンゲイの母親を「儀礼的母親」として彼女の家に隔離され、食事を初め一切の世話を受けた。イニシエーション明けの翌一九五二年初め、三人は相次いで嫁ぐ。タプタニの父親キプサンブは、彼女の意に染まないm村のンゲノに無理やり嫁がせた。そして、一年も経たない内に、キプサンブはマサイ人の土地に牛盗りに出掛けて、そこで落命した。

タプタニは、結婚後五年間全く妊娠の兆候がなく、伝統的な薬草療法のみならず、テンヌウェックのAGC(African Gospel Church)病院で高度の治療も受けてみたが、一切効果がなかった。しかも、彼女だけでなく、ほぼ同時期に結婚した「儀礼的姉妹」タプトゥルマットも全く懐胎の気配がなかった。他方、もう一人の「儀礼的姉妹」タプトロンゲイは、次々と子供を産んだ。人々は、タプトロンゲイの母親がイニシエーション期間に娘でない二人に邪術(*ponisiet*)を掛けたのだと噂した。彼女は名うての邪術者(*ponindet*)だったと、タプタニは言う。[8]

そうこうしている内に、不吉な出来事がタプタニを見舞った。或る日のこと、二匹の犬が彼女の母屋に突然入ってきて真直に彼女のベッドに向かい、そこで番い始めたのだ。この禍事に怖じ気づいたタプタニは、意を決し、嫌ってきた夫をついに捨てて生家に舞い戻った。頑固な父親キプサンブは既にこの世に亡く、生家には誰も彼女に反対する者がなかった。その時までに既に一一人の子供に死なれていた母親は、タプタニを「印付きの者」(*tegeriyot*)にする儀礼(*tegerisiet*)を行った。この儀礼は、祖霊(*oiik*)を通じて太陽神（*Asis*）に子供の嘆願助命を乞うもので、兄や姉を（通例は二人以上たて続けに）亡くした者に対してほぼ例外なく執行されていた。誰もが「印付きの者」を乱暴に扱わないのが規範で、「印付きの者」専用の真鍮製の腕輪をした者を、誰もがまるで腫れ物に触るように丁重に扱った。それがタプタニの放縦を助長した面があったかも知れない。そして、その儀礼（*tegerisiet*）執行の二、三年後に母親タプトェも亡くなり、タプタニはついに天涯孤独の身になってしまった。タプタニは一方的に離婚を宣言していたが、その後、彼女の生家側が離婚に伴って婚資をンゲノ側に返済したかどうかを巡って、激しい悶着が巻き起こった。

タプタニは、尊敬し合うべき「儀礼的姉妹」であるタプトロンゲイやその夫ンガナセットと道で出会っても挨拶せず、先方が挨拶するのさえも嫌った。それどころかンガナセットにすぐに口論を仕掛け、それが高じて殴り合いになると、何時もタプタニが上手だった。すると、ンガナセットの息子たちが父親を軽蔑するのかと憤って、決まって実力行使して復讐した。

3　屈せざる者タプタニ

タプタニは惨めな結婚から逃れて「離婚」した後、日夜精励して土地や牛やローンを得て、家父長的な視点において男たちがやっかむ程の成功を収めた。それに加えて、女性婚で若いグラディスを娶って「夫」になり、その婚資も速やかに払い終えた。これらの全ては、男性だけにできることを自ら実際にやって見せることだった。だからタプタニは、父親の氏族員を増やすために、自分の弟の息子スィンゴエイをグラディスの性的後見人として選んだ。グラディスは、十年間、「貞節」を守ってタプタニに誠の妻さながらに仕えたが、その後スィンゴエイに不満を抱いた。そして、彼を退けて自らの選択で別の男性を家に呼び入れ、それ以来タプタニをただの一女性として遇し始めた。これを憤ったタプタニは、グラディスに近づく男性たちを次々と片っ端から打擲したが、結局、自ら小さな小屋を立ててそこに移り住んで、独力で暮らし始めたのである。

タプタニは、報復を忘れなかった。グラディスの母屋の炉[9]に排便するというムマ（*muma*：捨て身の宣誓的邪術）に訴えて、グラディスの生殖能力を呪った。だが、それは諸刃の剣であり、そのままで父親の氏族の生命力の永続を脅かす所業ともなる。だから、速やかに浄化儀礼を執行しなければならなかったのだが、容易にそのために必要な援助者を見つけることができなかった。同情する者がいなかったのだ。

どこまでも家父長として男性と伍そうと努めるタプタニは、トラブル・メーカーとしてN郡N亜郡の歴代の副首長を悩ませてきた。前々任のE・キメトーは、紛争の一方の当事者としてタプタニの名を聞くと、それだけで執務を放棄した程である。後任のS・トーは、タプタニを恐れて彼女に近づくことさえも忌避した。彼の指揮下の行政警官たちがタプタニの密造酒作りを摘発しても、タプタニには、取っておきの奥の手があった。逮捕されそうになると、即座に全ての衣服を脱ぎ捨てて、素裸になったのである。[10]行政警官たちの誰もがこの「ムマ」を恐れたが、S・トーは特別その思いが強かった。タプタニは彼の母親の世代に当たるがゆえに、彼女の裸身を目にすることは、母親の裸身を目にするのと同じ重大な罪（*tengekto*）になるからである。

しかし、そのタプタニにも「天敵」がいる。或る日、行政警官の一人、雲を突く巨漢のキベレンゲがタプタニの密造酒を発見して、彼女を強引に逮捕しようとした。力では敵わないと知っている彼女は、例の奥の手に訴えた。だが、キベレンゲは毫も怯まなかった。それは、彼が遠方のケニア山の麓、メルーの出身（つまり、バントゥ語系の民族メルー人）で、キプシギスの文化と倫理観から遠く埒外にいたからである。彼は、素裸のタプタニを連行して通りがかりのトラクターに乗せ、N郡の郡役場の留置所まで連れていった。道すがら偶然それを目にした女性たちは、慌てふためいて大声を上げ、蜘蛛の子を散らすようにその場から逃げ去った。

この時、タプタニは即座に県都ボメットの裁判所（magistrate court）に移送された。幸いなるかな、その即決裁判を担当した、異民族出身の、甲羅を経た老練な判事が、幸薄い「夫」たる老女に痛く同情した。その結果、タプタニはすぐに無罪放免されて、その日の内にk村の自宅に舞い戻ってきたのである。しかし、キベレンゲは、彼女が密造した酒を、それを入れておいた一〇〇リットルのプラスチック容器ごと持ち去って、とっくに廃棄してしまっていたのだった。

おわりに

タプタニやアンジェリーナたちのように子供（息子）のない老女たちは、父系原理に則った民族社会の暮らしの直中で、他の誰よりも激しい毀誉褒貶に身を曝してきた。そして、骨を噛むばかりの悲しみを密かに胸に宿し、生きとし生ける者全てが自ずから日の光を恋い慕うように、真情ある心の通わせ合いに痛切に飢え、心底凍えている。だからこそ筆者にとっては、文化の違いを超えて、他の誰にも増して心が通じ合える、畏敬すべき独立独歩の友人たちでもある。

本章を閉じようとして、（自分の土地に筆者の寓居を建ててくれた）ルーベンの妻マリーが、時折幼い息子キプルートを叱る時に口にしていた、あの聞き慣れた決まり文句が俄に脳裏に蘇ってきた。

「もう！　ダメでしょう、そんなじゃ。キプルート！　ねえ、どうして言うことが聞けないの。いーい、タプタニがやってきて、あんたを袋に押し込んで、担いで連れて行ってしまうわよ[11]」。

《注》

（1）英国植民地政府が厳しく取り締まるまでは、婚前に妊娠した女性は、藪地で出産させられ、その赤ん坊は、産声をあげる前に、予め用意しておいた新しい牛糞で老女たちが窒息死させた。最初の吸気と共に祖霊が赤ん坊の身体に再来して、その魂となること、いわば性根が入ることを防ぐための措置とされていた。

（2）この項で手短に論じた事例とその社会的な意味については、第五章の第四節と第五節で一層詳細に再説しているので、参照して欲しい。

（3）「夫」となった老女は、一般の（つまり男性である）夫と同じく、小さな「夫の小屋」（*kaptich*）を建てて、そこに一人で住む。他方「妻」は、炉のある大きな母屋（*kotap mosop*）に住み、やがて子供をここで生み育てる。「夫」の身の周りの世話は「妻」の役割だが、不仲になればそれを半ば放棄することが多い。

（4）なお婚約儀礼の際に、娘の父親の氏族は、求婚者の属する氏族と自氏族員の誰かが紛争状態にないか、また求婚者が娘とインセストに当たる関係にないか等を、先ず詳しく論じて吟味する。

（5）キプシギスには、いわば祖霊が地下の祖霊界と現世を回転ドアのように行き来するという、祖霊とその子孫への再来の信仰、またそれに基づいて子供に祖霊名を付ける慣行がある。熱心なキリスト教徒でも、今もなお子供に密かに祖霊名を与えているといわれる。

（6）昔は、女性婚の「夫」は決して珍しくなかった。（タプタニの逸話からも窺えるように）不妊の女性も少なくなかったし、男性は近隣の民族との戦いや牛盗りで致死率が低くなく、息子（たち）が成年する前に命を落とすこともままあったからである。一九七九年にキプシギス調査を始めて、すぐに大切なランドマークの一つとしてチェメテット川を頭に刻み込んだ。調査の本拠地に最も近い町であるソティックの郵便局や銀行、商店を訪ねる度に、その町にほど近い所を流れるこの細流に掛かる橋を渡ったからである。そして、チェメテット（*Chemetet*）が三人の「妻」の産んだ子供たちと共に、この川の両岸部の広大な土地を切り開いた老女の名前（その意味は「籾殻の女」）であることをすぐに学んだ。彼女のような「富者」である「夫」の話も、各地でしばしば聞いたものである。

（7）人々が最も恐れるのは、いわば邪術と宣誓を組み合わせた、ムマ（*muma*）と総称される神秘的な行為で、絶望的な立場の者の捨て身の報復手段だと見做されている。例えば、地面に寝かせた槍を飛び越えたり、煉瓦（死体を埋める土の象徴）を数度小枝で叩いてから、真の罪人たち（の氏族）が罰せられるようにと宣誓する。するとムマは、当事者双方の家系を或る毒草の匍匐茎のごとく追い求めて、徐々に殺していくとされる。

（8）キプシギス社会では、女性間、たとえば僚妻（co-wives）間の子供の数や生死に関する不均衡という現象が、誰かの悪意による神秘的な力の行使、つまり邪術（*ponisiet*）という観念に訴えて解釈されることが極めて多い。タプタニたち三人の「儀礼的姉妹」に関するこの事例も、その一つの変異型として捉えることができよう。

（9）キプシギスの竈は、女性器の形に作られている。それは、まさに「火」（*maat*, つまり世代を超えて伝えられる生命の流れ）を象徴している（Komma 1981）。

（10）女性が最後の抗議の意を示すために公衆の面前で素裸になる行為は、決してキプシギス民族の間だけに限られない。少なくとも、カレンジン民族群では往々見られる。しかし、後で見るように、このような文化を持たない民族も少なくないのである。

（11）幼い子供を脅す決まり文句には、「カマキリがお前の瞼を縫っちゃうぞ」、「抜歯モンがお前の歯を引っこ抜くよ」、「今日チェモブムブ（成年式の際に現れるとされる「湖の獣」）がお前を呑んじゃうよ」、「嘘モンがやって来て袋に入れて連れて行くぞ」、「袋担ぎがやって来て袋に入れて連れて行くぞ」などがある。タプタニ云々は、最後の二つのものの最新の版であり、K村の辺りの子供たちが今最も怖がる表現である。

《参考文献》

Gluckman, Max (1950) "Kinship and Marriage among the Lozi of Northern Rhodesia and the Zulu of Natal", A. R. Radcliffe-Brown and Daril Forde (eds.), *African System of Kinship and Marriage*, pp. 166-206, London: Oxford University Press.

Komma, Toru (1981) "The Dwelling and Its Symbolism among the Kipsigis", N.Nagashima (ed.), *Themes in Socio-Cultural Ideas and Behaviour among the Six Ethnic Groups of Kenya*, Tokyo: Hitotsubashi University, pp. 91-123.

Komma, Toru (1984) "Women's Self-Help Association Movement among the Kipsigis of Kenya", *Senri Ethnological Studies*, 15: 145-186.

小田　亮（二〇〇五）「西ケニア・クリア社会における『レヴィレート』――外からの変化と寡婦たちの戦術」松園万亀雄（編）『東アフリカにおけるグローバル化過程と国民形成に関する地域民族誌的研究』国立民族学博物館、一〇九―一二九頁。

小馬　徹（一九九六）「父系の逆説と『女の知恵』としての私的領域――キプシギスの『家財産制』と近代化」和田正平（編）『アフリカ女性の民族誌――伝統と近代のはざまで』明石書店、二八一―三三二頁。

小馬　徹（二〇〇〇）「キプシギスの女性自助組合運動と女性婚――文化人類学はいかに開発研究に資することができるのか」青柳まちこ（編）『開発の文化人類学』古今書院、一六一―一八二頁。

和田正平（一九八八）『性と結婚の民族学』同朋舎。

第五章　女性婚と開発人類学

はじめに

社会科学の一つとして、開発人類学という分野がある。他方、文化人類学者が行う文化人類学的研究それ自体が、その開発人類学の社会科学的な手法では取り扱えない種類の諸問題を解明し、その結果として開発現象の診断にも役立ち、それに関する課題の解決法を示唆し得る場合が少なくない。本章の目的は、筆者が長年参与観察を続けてきた、南西ケニアのキプシギス民族の「女性婚」を具体的な事例として取り上げて、それを具体的に論じることである。

一　問題の所在——文化人類学と開発人類学

文化人類学者は、文化の多様性と土地の人々の自己決定を何よりも尊重するがゆえに、自らの調査地となった社会がその外部で立案された大規模な開発計画に巻き込まれることに反対する場合が少なくない。殊に、住民の移住を伴う場合がそうである。その開発問題が抜き差しならない現実だと認めれば、進んで土地の人々に問い掛けたうえで開発にそれなりに関わった方が望ましい結果に繋がる、と感じることもある。ただ、この場合も、文化人類学者の開発との関わりは偶発的で、且つ恐らく防御的なものである。文化人類学者は、往々このように受動的な形で、アンビバレントな感情を抱きながら開発と関わらざるを得ない状況に立ち至ることがあるものだ。

とはいえ、文化人類学者の中にも、このように消極的にではなく、立案の段階から積極的に開発計画に関わる姿勢をもつべきだとする立場を表明する人々もある。このような選択は、当然、想定される文化人類学の研究を開発人類学に近づけることになるだろう。しかしながら、そのような選択をするだけで、彼のそれまでの経験や理解・知識の蓄積が果して開発人類学へと滑らかに接続、ないしは転換され得るものであろうか。「文化人類学者は、昔は自分の好きなテーマを調査していればよかったが、今では開発に関わる調査の合間に好きなことをするような状況に陥っているのだ」という類の呟きを時々耳にする。しかし、事はそれ以上に厄介だろう。なぜなら、問題の本質は、研究への投下エネルギーの量的な配分ではなく、目的と方法の質的な違いに関わるものだからである。

文化人類学と開発人類学の間には、理論的にも実践的にも容易に埋め難い深い溝が厳然と横たわっている。まず、この事実を直視すべきである。一九七〇年代に登場した開発人類学とは、決して「開発に関わる文化人類学」ではなく、むしろ社会科学、或いは社会学の一分野であると見るのが適切である。開発人類学は、地球大で各種の開発が進行している今日の世界状況を、世界中の伝統社会が十六世紀以来の世界システムとしての資本主義に統合されつつある必然的な過程だと見て、この過程を「客観的」に捕捉し、それに積極的、且つ肯定的に働きかけようとする学問だといえる。そして、文化人類学が重視してきた定性的な方法よりも、むしろサンプリング、指数化など、他の社会科学と同じく、定量的な、即ち統計的・計量的なデータ処理に大きく依存する。その理由は、開発の企画立案者や実行者である政治家、経済学者、官僚、国際機関、企業などと「言語を共有する」ことによって対話を可能にするためであると力説されてきた。開発人類学は、文化が分析概念として有効であるとは必ずしも見ていない。それゆえ、開発人類学が文化という要因を強調することは稀なのだが、それは、社会科学の定量的な方法を優先的に用いる方法論の当然の帰結なのだ。

社会科学は、調査の前提となる理論的な枠組みとその手続きが、何時でも、何処でも、誰によっても、寸分の恣意を加えられることなく厳格に遵守されることにその公正さの根拠を見出し、その結果として調査結果がより大きな、或いは高次の文脈での比較や議論に耐え得るのだと考えている。だから、調査計画が立てられた時点での委曲を尽くした綿密な検討の網目に掛からなかった問題に実際の調査の段階で思い懸けず出合い、たとえそれがどんなに肝要なものであるとわかった場合でも、その要素はバイアスとして排除されることがほぼ自動的に必然的な要請となる。

一方、文化人類学は、まず根気強くゆっくりと土地の人々との友好関係を築きながら、人々の生活の委細に具体的に深く関わりつつ社会全体を見渡して、その場で問題を見つけ出し、問を構成しつつ調査の焦点を徐々に絞っていく。かつては、調査地に入ったらできるだけ「判断停止」(*epohke*)に努め、自文化への禁欲を徹底すべきことが強調されたものである。したがって、文化人類学では、文化が、土地の人々の営みを理解するための不可欠の解釈学的な概念装置となる。

文化人類学は、この意味での文化を発見的な理論とする学問であり、一方開発人類学はその有効性をほぼ退ける。それは、文化人類学は調査者が対象とする文化に向ける彼独自の視点を提示しつつ固定して、そこからの遠近法によって対象を描くのに対して、社会科学の一つである開発人類学が定量的で無視点的な（つまり、「科学的な」）手法を用いるという、二つの学問の方法論の差異がもたらす、当然の帰結であると見なければばならない。

以上の論拠から、私個人は、文化（社会）人類学者が開発に関わるだけで彼の営為がほぼ自動的に開発人類学になるとは少しも思っていない。ただ、何らかの開発現象を（も）研究する人類学を開発人類学といえるという見方も、実際に存在している。だが、仮にこのごく緩やかな開発人類学の定義を受け入れる場合でも、文化人類学者は、文化人類学と開発人類学の方法論の異同を冷静に吟味して把握しておく必要があるだろう。

さらに、方法論に加えて、実践的な側面でも両者には根本的な違いがある。開発とそれに関わる開発人類学には、対象社会への「介入」（intervention）が積極的な要素として組み込まれ、この点で――少なくとも主観的には――対象との「適切な距離感」（detachment）を重視してきた文化人類学とは対照的なアプローチを取っているのだ。

方法論に関する両者の違いは、大局的には、次のように考えて整理を試みればわかりやすいだろう。

文化人類学は一つの社会全体を総体として取り扱おうとする学問であり、それゆえに、他の諸々の学問に対応する数多くの下位分野を持っている。例えば、「経済学／経済人類学」、「法学／法人類学」、「社会学／社会人類学」、「政治学／政治人類学」、「教育学／教育人類学」などの幾つかの対関係がすぐに思い浮かぶ。これらのどの対でも、その二項をなす学問は、関心のあり方も、取り扱う対象領域も似通っている。

しかし、文化人類学の鍵概念である文化、つまり或る人間集団が共有する特徴ある生きかたへの評価と、それへの関与の仕方が両者を明確に分け隔てるのだ。文化人類学とは、文化の視点から、どの社会の様相も人間の可能なあり方の一つを現実化しているに過ぎないのだという認識を基盤にもっている。だから、その一領域である「××人類学」は、一八世紀以来の西欧近代をもあくまでも人間の多様な可能なあり方の一つとして取り扱う。一方、「××学」、つまり法学、社会学、経済学、政治学、教育学などの学問は、西欧近代こそが今日までの人類の文明の到達点であり、それゆえに人間現象の普遍的な尺度たり得るものと見做して構想されているのである。[1]

「開発論／開発人類学」の対の二項はいずれも社会科学の一分野であり、どちらも文化を強調しない。それゆえに、両者の区分は極めて曖昧で、相互に包み合う親和的な関係にある。したがって、上に見たような他の諸学と文化人類学の下位分野との学問的な対応関係は、開発現象に関しては「開発論／開発人類学」の形では想定できない。むしろ、開発については、「開発人類学／文化人類学」の二項対立が浮かび上がってくるのである。つまり、開発人類学を、経済人類学、法人類学、社会人類学、政治人類学、教育人類学など、文化人類学の他の下位分野と同列に論じることはできないのであって、その両者の間には鋭い緊張関係が存在していると言わざるを得ない。文化人類学者は、開発と向き合う場合、この事実を少なくとも一旦明確に対象化しておかなければなるまい。

開発人類学に対する文化人類学からの批判の中心には、開発人類学が結局は先進国の資本家を利し、世界のヘゲモニー関係の中で抑圧されている弱者をさらに窮地に追い詰めることに加担することになるのではないかという根深い疑念が潘まっている。一方、これに対する開発人類学の側からの反論は明快だ。開発人類学が依拠するのは、開発がその一方で低開発を導いてきた点を強調する政治経済学的視点からの立論、つまり「従属論」（dependency theory）であり、対象地域に明確に不利益をもたらし得る開発計画には異を唱えて拒否する、選択的な関与（介入）を貫く立場だというのである。[2]

つまり、開発人類学は、文化人類学による批判から単に身をかわすばかりでなく、鋭く反撃もしているのだ。文化人類学は、いわば純粋文化の幻想に今も捕らわれていて、文化の成立過程を見ようとしない。しかも、その幻想は、研究者の価値中立性という非現実的な幻想をも支えてもいる。研究者の価値中立性とは自然科学的で抽象的なパラダイムでしかあり得ず、彼が大学や研究所に勤めているとか、公表された研究成果が不特定多数の人々にいかようにも利用され得るといった単純な具体的な個別の社会的事実によってさえも、容易に反証できるものだ。だから、そのような文化観や学問観に何時までも固執して疑念を抱かないことの方が、よほど現実逃避的で危険な態度なのだ、と。価値中立性と純粋文化の概念に向けられたこの批判は正しい。ただし、今日の文化人類学がそのようなものに留っているという認識の陳腐さは、批判の俎上に乗せられた二つの概念の陳腐さと選ぶところがない。

上に述べた通り、両者の方法論的な差異は歴然としている。「開発人類学」という、いかにも文化人類学の他の下位分野を連想させる学問名称が抱え込んでいる曖昧さをハッキリと認識し、やはりそれへの自覚と洞察を怠ってはならない。[3]だからこそ、個々の文化人類学者は、開発現象への自分自身の関わり方を明確にしておく必要がある。さもなければ、開発への関与の是非をめぐる文化人類学内部の混乱と対立は避けられまい。文化人類学者が自分自身の価値観を第一に優先させて開発を阻もうとし、或いは眼前に展開する開発状況に対して無視を決め込むことも、また開発が何処でも不可避な現実だと初めから想定して、文化人類学者が積極的にその計画立案から参画すべきだとすることも、ある意味でコインの裏表である。そのどちらの態度も、安易に自分自身に向けられれば思考停止になり得るし、仮に他の文化人類学者に向けられれば、いわゆる「倫理的なテロリズム」にも繋がりかねない。そして、我々と思っていた者が他者だったと知った時には、反動的に近親憎悪が生まれる危険性さえある。

率直にいえば、筆者は文化人類学者から開発人類学者へと転身しようとは少しも思わない。筆者自身の学問的な動機づけがそこにない事実を偽ることができないからだ。人々のアイデンティティ形成を基底から支えると共に拘束するが、同時に新たな運動の表象として語られつつ絶えず新たな現実を構成していくという、文化の複合的な多面性と柔軟な流動性を読み解くことが、人間の生の動態を現実に即して理解する必須の鍵であると思う。また、文化人類学が長年の内に洗練させてきた、この学問に固有の繊細で節度のあるコミットメントとデタッチメントのバランス感覚を好ましく感じてきた。だからといって、純粋文化を信じてもいなければ、学問の中立性を徒らに信奉してもいない。文化人類学徒にとって重要なのは、眼前に展開している事象に文化の眼差しをもって深く分け入って、その現実を誤りなく捉え、記述し、分析することであり、またそれを基に確固たる判断を示すことである。

第一、それぞれの文化人類学者のフィールドが開発と関わっている状況は、その程度も様態も実に千差万別である。大規模な開発現象の影響が深く浸透している場合もあれば、草の根次元の零細な「開発」しか行われていない場合もあろう。それゆえに、あらゆるフィールドで文化人類学者が開発現象を何時も最優先のテーマにしなければならないわけでもなければ、また進んで開発計画の立案や評価に関与しなければならないわけでもない。

ただ、文化人類学者が上記のような関心から行う文化人類学的研究それ自体が、開発現象の診断に役立ち、問題の解決法を示唆し得る場合が必ずあるはずだ。今日、世界各地の地域社会は、確かに何らかの意味で開発という現実、少くともその可能性と無縁ではない。文化人類学の研究が、文化を重視する固有の方法論や実践の分厚い蓄積によって開発現象の診断や問題解決に真に貢献できるのは、(開発計画に関わらない限りは)開発人類学が強い関心を示そうとすることが少ないかほとんどない、小さな社会に関する場合である。そうした社会では、開発人類学の社会科学的な手法が取り扱えない種類の特殊な事象が、様々な問題の核心をなしている場合が多いからだ。この場合、長期にわたる参与観察調査を重視する文化人類学の方法論が、間違いなく本領を発揮する。彼がそこに住み込んで調査するまでは、その事象とそれに関する問題は発見されず、それゆえに問題として事前に調査項目の一つとして想定されることがないのだから。

しかし、そのような判断は「共通の言語」による語りとはならず、それゆえに開発の立案者や実務者に届かないと反駁するのが、開発人類学の基本的な姿勢である。しかし、開発人類学は、「中心」から発案された大規模な開発とその派生現象に関わろうとする傾向が強く、草の根次元の、いわば「生活に埋め込まれた」「自生的」な「開発」現象[4]への関心が極めて薄い。まさにこの前提こそが強く価値的なのである。従属論を視点とするとしながらも、開発人類学には、欧米の制度や政策、或いは国家など、それに親和的な「中心」の側の強大さそれ自体への批判が積極的には見られない。この二つの事実の原因は、同じところにあると見なければならないだろう。

では、実際にはどのような形で文化人類学的な研究が積極的に開発問題と関わることになり、それなりに固有の貢献ができるのだろうか。実際の具体的な問題の分析を通じて、ささやかではあれ、そうした実践的な答の糸口を示すことを本章は目指している。

二　キプシギスの「家財産制」と女性婚

私がここで取り上げるのは、西南ケニアに住む牛牧民キプシギスの[5]「女性婚」（woman marriage; *kilal-maatap-oret*）という伝統的な慣行と開発をめぐる一見矛盾する現象と、その評価をめぐる葛藤である。今日では、キプシギスの人々の多くがキリスト教徒なのだが、キリスト教、特にプロテスタント諸派は女性婚を退嬰的な旧弊であると見て強く非難してきた。ケニアの日刊紙も、時折特集記事を組み、好奇の目でこの慣行を叙述してきた。しかし、今でも女性たちがこの慣行の意味をそれなりに認めており、しかも、例えば女性自助組合運動に参加している若い女性の一部が進んでその「妻」になることを望んでいる。

この事実を直視して、どう読み解けばいいのだろうか。殊に、「女性を従属構造から開放する」GAD（ジェンダーと女性）の視点からは、彼女たちの姿勢をどう評価し得るのか。仮に、女性婚やそれに類似する制度が女性の従属を強化する装置であり、男性社会の価値を文化によって内面化させられた事実に気付かない女性たちがそれに縋りついているのだ、と言って済まされるだろうか。彼女たちの選択を単純に退嬰的だと見て排除すべきなのか。そうした判断基準を一体どうやれば設定できるのか。問題の核心はこのあたりにある。

だが、具体的に論じる前に、まずそれに関連する慣行（本書第四章参照）の概要を紹介しておかなければならない。キプシギスの家族は、複婚を構造的前提としており、夫を扇の要とする複婚家族を「夫の家」(*kap-chi*)、その妻単位の核家族を「妻の家」(*kop-chi*) と呼ぶ。ただし、普通「夫の家」は一地点に同居して空間的に家庭を構成することがない。つまり、キプシギスの伝統的な居住形態には、性と世代に基づく母村と牛牧キャンプの棲み分けと並んで、もう一つ著しい特徴があったのだ。それは、単一の「夫の家」がコンパウンド(複合住居態)を形成しないことだ。「妻の家」同士の地理的な距離が極めて大きく、数十キロメートルに及ぶことも珍しくなかったのである。(6)

家産相続に関するキプシギスの伝統の特徴は、一つの「夫の家」内の「妻の家」が家産を等分することである。つまり、各「妻の家」に息子が何人いるかに関わらず、妻たちが夫の財産を等分する。また各「妻の家」の息子たちは、婚出した同母姉妹の婚資として支払われた家畜の全てを、排他的に自分たちの結婚のために支払う婚資とする権利を持っている。「妻の家」同士の地理的距離が極めて大きいので、このように、「妻の家」が協同すべしという「夫の家」の理念は実効性を欠く。実際上の日常的協同単位は近隣集団であり、「妻の家」の社会・経済的な自立性は大きかった。グラックマンは、南アフリカのズールー人のこれに似た慣行を「家財産制」(house property system) と呼んでいるが (Gluckman 1950)、筆者もこれに倣いたい。

ある男性の妻の一人に息子がなかったり、彼女の息子が結婚前に全員死亡して、嗣子がないまま閉経した場合、夫は自分自身で婚資を調達して彼女に「女性婚」をさせなければならないとされてきた。つまり、老妻が「夫」となって若い娘を娶り、老妻の夫の氏族の一員をジェニター(法的な権利のない「生物学的な父」)に指定して跡取り息子を得るのである。女性婚の場合も正式に婚姻儀礼が行われる。ただ、「妻」

が生んだ子供たちは、法的には老夫妻の孫と見做される。また、夫が息子を残さずに死んでも妻は婚姻を解消できず、上の場合と同様のジェニターによって跡取り息子を得なければならない。この両方の場合、ジェニターは、夫の氏族員の男性がその任に就く。故人の兄弟の息子の一人が選ばれるのが普通である。一種の「幽霊婚」(ghost marriage)、或いは「寡婦相続」(widow inheritance)でもあるこれらの制度は、現在でもまだすっかり廃れて了ったわけではない。

ただし、既に閉経した妻に息子がなかったり、息子が結婚前に皆死亡した場合でも、もし娘があれば、「女性婚」が行われるとは限らない。その代わりに、娘の一人(大抵は末娘)を未婚のまま家に残し、彼女の息子を跡取りとする便法も行われる。実家に残される娘は「(夜通し炉にくべる)太い薪に属する者」(*Bosuben*)という通り名で、また彼女の息子は割礼後、「太い薪に属する者の息子」(*arap Bosuben*)という例外的に類型的な父称で呼ばれる(Komma 1981)。ジェニターは娘が自由に父親の氏族員以外から選ぶ。もっとも、この便法は、外婚的父系氏族間の婚姻によって民族を一つに統合するという、キプシギスの基本的な社会構造化原理に反するがゆえに不当だと見做されてもいて、公的には、社会は必ずしも歓迎しない。

三　女性婚を望む老女

私の調査地[7]には、幾組かの女性婚のカップルがいる。女性婚を望む老女の心理とその背景を知るために、まず一人の老女の事例を取り上げたい[8]。

Nマーケットに程近いK村に住むタプニョガーは、一九七〇年に夫婦喧嘩をして実家に帰っていたが、一九七二年に夫コルゴレン・アラップ・タヌイの元に戻った。その暫く後、日々の牛乳の分配をめぐって舅と口論していたタプニョガーが、舅を「お前、ガキ（*ng'etet*）めが！」と罵った[9]。すると、舅は上着を脱いで、それで彼女を打ち、「わしをガキと呼びおったからには、生涯息子をもつまいぞ！」と呪った。これは、邪術と呪詛が複合した「宣誓」（*mumek*）と呼ばれる行為の一類型で、特に老人男性が行った場合は極めて強力だと信じられて、ひどく恐れられている。

この時までに、タプニョガーには既に二人の娘がいたが、この事件の一年後に産んだ男児は生後九か月で死んだ。また、その二年後に生まれた男児も六か月と生き長らえられなかった。その後幾年かの間懐妊しなかったタプニョガーは、舅の「宣誓」が効いたのだと信じて恐れ、夫と共に舅に詫びを入れて「宣誓」の解除を嘆願した。そこで、和解の儀礼がもたれ、彼女と舅は代わる代わる同じ瓢箪から牛乳を啜り、舅は彼女に「オイヨ」（*Oiyo*）と宥恕の言葉を掛けた。間もなく彼女は懐妊し、女児ジェーンが生まれた。ただし、これが最後の懐胎となった。

夫は、タプニョガーの窮状をよそに、隣接するバントゥ語系の民族であるグシイ人の女性をその後妻にした。この時、そのグシイ人女性には既に六人の大きな連れ子がいた。父系のキプシギス人は、死後に自らの霊魂が再来してその魂と化すことができる子孫のないことを何より恐れ、息子を残さずに死ぬことを「永遠に死ぬ」という。夫がグシイ人を二番目の妻としたのは、父親の「宣誓」がまだ効いていると信じ、累が後代に及ぶのを避けたかったからだ。呪詛はもとより、往々もっと強力な「宣誓」の効力も、他民族には及ばないとされているのである——ただし、後にこの二人の間に生まれた二人の実子は次々に夭逝し

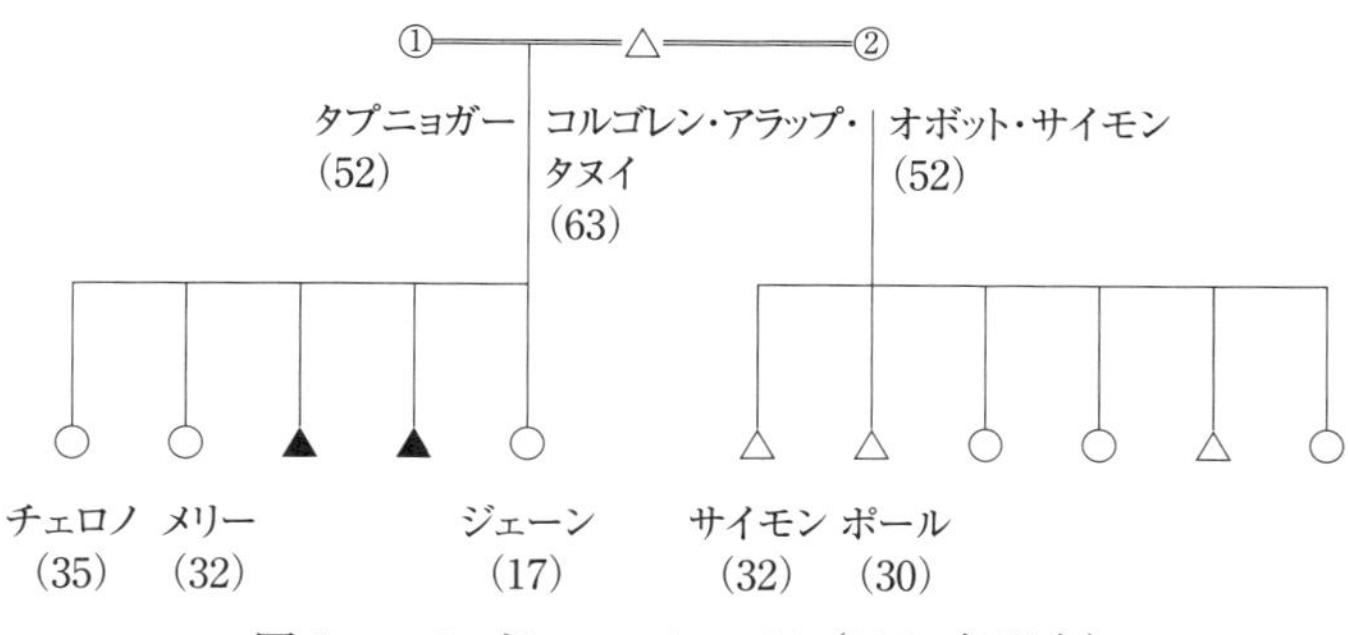

図1　コルゴレンの *kap-chi*（1997年現在）

て、誰も育たなかった。また彼が連れ子を歓迎したのは、自分の魂が彼らの子供に確実に再来できるからだ[10]。新しいグシイ人の妻は、長子サイモン（三十二歳）に因む子称（teknonym）で、オボット・サイモンと呼ばれている。その後、彼女の二人の年長の息子はキプシギスの加入礼を受け、キプシギス人女性を妻に迎えた。また、年長の二人の娘も同様にしてキプシギスの若者に嫁いだ[11]。

オボット・サイモンは、コルゴレンがNマーケットの皮剥ぎ職人としての稼ぎを家に入れないことにすぐに不平を募らせ、夫婦仲は極めて悪かった。彼女は、ある日、夫の職場に届ける牛乳にディアシノンという強い殺虫剤を混ぜた。コルゴレンは、疑うことなくそれを飲み切ったが、二十数キロメートル離れたカプロングのカソリック・ミッション系の病院に運び込まれて一命を取りとめた。オボット・サイモンは、事件直後、年下の二人の子供を連れてマサイ人の土地であるトランス・マラ亜県に逃れた。

夫との間に子供がなかったり、同性の子供しかできない場合、妻は婚外の情交によって窮状を打開しようとする——というのが、男性の一般的な確信である。当時タプニョガーも、彼女の不貞を疑った夫との口論の後トランス・マラ亜県へ身を隠していたのだが、事件を聞き知り、喜び勇んで帰館した。

その後暫くたった一九九七年初め、コルゴレンは妻の閉経を知った。そこで、別のキプシギス女性と結婚しようとしたが、タプニョガーは次の理由を述べたてて夫の提案を峻拒した。貴方は（グシイ人の第二妻によって）今や加入礼を済ませた息子を得、彼らは貴方の幼名キプ・ンゲノに因む父称（patronym）アラップ・ンゲノで名を呼ばれている。だから、既にもう「死んでいる」（*kimema*）状態を脱した。実は、「死んでいる」のは息子のない私の方だ。だから、今妻を迎えるべきは貴方でなく私なのだ。

完全に言い負かされた夫は、今度は、女性婚の出費を恐れて、末娘ジェーンを「太い薪に属する者」（*Bosuben*）として家に残して子を産ませようと提案した。だがタプニョガーは、（「太い薪に属する者」の常として）ジェーンは女性婚の「妻」程には自分を敬うまいと抗弁し、頑に聞き入れようとしなかった。

さて、以上の事情を見て第一に窺えるのは、「家財産制」のゆえに、夫の（「夫の家」）に対する妻の（「妻の家」）の自立性の高さである。タプニョガーは、コルゴレンが第三番目の妻を得ようとする目論見を、「妻の家」の論理を楯にして説得的に封じ込んでしまった。タプニョガーは、自ら女性婚をすれば、魂が再来する父系の子孫の確保という観念的・心理的な面ばかりでなく、労働力や老後の福祉の確保という実利的な面でも得るところが大きいのである。

もっとも、夫がいう通り、末娘ジェーンを「太い薪に属する者」として——或いは、最悪の場合、単に未婚の母として——家に残して彼女の息子を跡取りとした方が、経済的な負担は小さい。夫はK村に二エーカー程の土地を二か所持っているが、「家財産制」のゆえに、労賃以外には、その内の（タプニョガーが住む）二エーカーからの収益しかタプニョガーの女性婚の費用に充てられない。女性婚には婚資として通常四頭の牛が必要だし、結婚式の出費もかさむ。

ただし、タプニョガーにとっては、女性婚にはさらに別の利点もある。タプニョガーの娘たちの婚資として手に入れた牛とその子孫は、彼女たちの同母兄弟が婚資として用いる権利を専有するものであり、夫コルゴレンが別の妻を貰うための婚資には使えない。さもないと、彼は「娘と寝た者」という烙印を押される。一方、その牛をタプニョガーが女性婚の婚資に使うのは合法的である。なぜならば、本来は存在してしかるべき息子の身代わりとして、母親が――「夫」となって――女性婚をするからであり、「妻」に対する性的な側面の後見人を「夫」が自らの都合によって指名する場合も多いからである。ただ、貧しいタプニョガーは、娘たちの婚資として得たそれらの牛を既に随時生活の資に充ててしまっていて、彼女の手元にはそれらから得た金はもう幾らも残っていない。だが、そこで彼女は、密造酒の製造と販売で得た金で、既に別の二頭の牛を買い取って、女性婚に備えていた。

四　女性婚を望む若い女性たち

それでは、女性婚の「妻」の側の事情はどうだろうか。かつて「妻」となったのは、身体、特に脚に障害があり、歩行が困難で水汲みなどの重労働に耐えない女性たちだった。ところが、今では若く健康な女性のなり手が沢山いる。それは、未婚の母や離婚した子持ちの女性たちである。離婚は、かつてキプシギスの慣習法では、婚資として支払われた家畜（とその子孫）の返済という義務の履行が極めて非現実的だったので、事実上困難だったのだが、植民地化によって英国法が導入されて以来、殊にケニア独立後は急激に増えた。未婚の母もとても数が多い。これらの女性は、父親の土地でそのごく小さな一角の耕作をどうにか許され、かつがつ生きている。だが、家庭を顧みず、暴力を振るい、酒に溺れる相手に苦しめられた苦い経験から、男性との結婚を望まない者が少なくない。彼女たちの何よりの願いは、自分の土地を得て生活基盤を確立することだが、近年値上がりの著しい土地の購入は、夢のまた夢である（第六章参照）。

ところが、ほとんど唯一その夢を実現する道が、女性婚の「妻」になることなのである。性的・経済的な後見人（として老女の夫の氏族員の間から選任された男性）が夫のように横暴に振舞うことは、社会が許さない。「妻」が「夫」の夫の氏族にその不行跡を抗議できるし、「妻」自身が当該氏族外の男性を代わりに指名できる場合すらある。要するに、女性婚の方が通常の結婚よりも遥かに気楽で、自己主張ももっとできるのだという。もっとも、私は、自分は男性だと主張して「妻」に暴力を振るった「夫」を一人知っている（第四章参照）。ただ、彼女は例外的な古い「夫」であり、他にほとんど類例を見ない。

ここで、今キプシギスの女性の置かれている一般的な社会状況に触れておく必要がある。伝統的には、女性は共同体の運営に直接関わる法＝政治的な権利はもとより、財産権も認められなかった。少なくとも「夫」に、つまり「男」にならない限りは。慣習法には今もそれを踏襲している一面もあるが、概況は大きく異なるものにもなっている。タプニョガーのように夫の扶養を当てにせず、密造地酒の製造・販売で生計を立て、加えて自前の財産も作った多くの女性たちがいる。さらに、少なからぬ数の女性たちが、野菜、果物、穀物、鶏、鶏卵、古着などの小商人として毎週同じ曜日に立つ地域の青空マーケットを動かす。また女性自助組合を結成したり、両性に開かれた各種の互助組織にも参加している。女性たちは、それらの活動を媒介として、既に政治的な影響力を確実に振るい始めているのである（小馬　一九八二、一九九六、Komma 1984）。

今でも、近隣組織内の相互扶助は、モリック（*morik*）とコクウェット（*kokwet*）と呼ばれる労働交換に基礎を置いている。コクウェットは、溜め池掘りや家屋の建築など、一時に大量の労働力を必要とする場合に臨時に近隣集団に助力を仰ぐもので、必要に応じて、男女別々に、または共に参加する。モリックは、家相互の等量労働交換を目的とする伝統的な女性組織で、近隣集団の地域的な内部分節ごとに作られる。現在でも、多くの場合、伝統的な枠組みをかなりよく踏襲し、耕作、除草、収穫、出産時やその後の手助けなど、日常的な協働を基礎付けており、村の主婦全員が参加している。しかし、一方では、少し以前からモリック労働の自家配当分を賃労働として他の家や大きな農園に売ることが認められるようになっている。

モリックの他に、「女性の進歩」（*maendeleo ya Wanawake*）と呼ばれ、独立後ケニア各地で盛んになった女性の自助組合組織の活動が、キプシギス人の間でも盛んである（小馬　一九九八）。これは、一九五〇年代初頭に、ケニアの白人女性入植者の一部がアフリカ女性の地位の向上と生活改善を図るために始めた運動である（Wipper 1975: 199）。その後間もなく、植民地政府が、第二次世界大戦後の社会発展政策の一環としてこの運動を監督下に置くと共に、支援を開始した。現在、キプシギスでは村を横断して組織され、ケニア政府の指導監督を受けつつ、政府からばかりでなく海外からも資金援助を受けている場合がある。この組合は、共同体的な協働組織としてのモリックのパラダイムや村の枠組みを踏襲せず、特に議長や書記など、互選される役員を置く点で、キプシギス社会における女性の伝統的な組織化の基本原則を大きく踏み超えている。組織原理や活動内容は多様だが、自分たちの協同労働を元手にして現金収入の獲得を目指す組合が多く、積み立てた資金は製粉機や商業センター、つまりマーケットの店の購入資金などに充てる。ボメット県では例を見ないが、ケリチョ県では、資金の連鎖的な再投資によって華々しい経済的成果を挙げている例もある（Sørensen 1993: 559–560）。

五　「女性の進歩」と女性婚

さて、女性婚と開発をテーマとする本章の脈絡で大いに注目すべき出来事が、筆者の調査地で起きた。一九九七年、ンダナイ区の「女性の進歩」の役員選挙で、レイチョ・トー（仮名、以下同じ）という女性婚の「妻」が議長に選ばれたのである。当時、「女性の進歩」の選挙はまず亞郡（sublocation）で始まり、亞郡内の全加入者が一三名の役員を選んだ。選挙では投票をせず、候補者の後ろに支持者が列を作る方式を採る。次いで郡（location）、区（division）、県（district）、州（province）、ケニア共和国へと、同じ仕方で選挙が進められて行く。郡や区までの次元では、議長は中等教育を終えた三十歳代後半から四十歳代前半の者、書記には三十歳代の識字者、会計には識字能力を問わずともかくも信用の厚い五十歳代以上の者が選ばれることが多いと言えた。

レイチョ（当時四十二歳）は、中学二年（form 2）までの九年間の教育を終えたが、婚前に二人の男児を産み、その結果求婚者が現れなかった。そこで、K郡M村に住むキプトー・アラップ・ロティッチ（八十二歳）の二番目の妻で子のなかったタプサベイ（七十三歳）の「妻」となった。タプサベイはレイチョの性的（且つ経済的）な後見人として、自分自身の僚妻（co-wife）の息子の一人であるキビー・アラップ・トー（四十三歳）を選んだ。レイチョは、M村のM小学校付設幼稚園の教諭をしており、この選挙の時点までに、トーとの間に既に二男一女を設けていた。ただし、彼女がトーを名乗るのは、タプサベイ想像上の息子であるもう一人のアラップ・トーの妻だからであり、キビーのゆえでは決してない。キビーは、あくまでも彼女の想像上の夫の異母兄弟であり、彼女はその意味の関係名称（*bomur*）で彼に呼びかけた。ただ、彼女の息子たちの成年後の父称は、父親の幼名 *Kip-X* から男性頭尾辞 *Kip-* を除き、代わりに「～の息子」を意味する *arap* をつけて *arap X* とする通常の形にはならず、「女の息子」（*arap Chepkwony* または *arap Chebioset*）となる――父称を与えるべき父親が実際には不在だからだ。これは、一種のごく軽度のスティグマでもある。

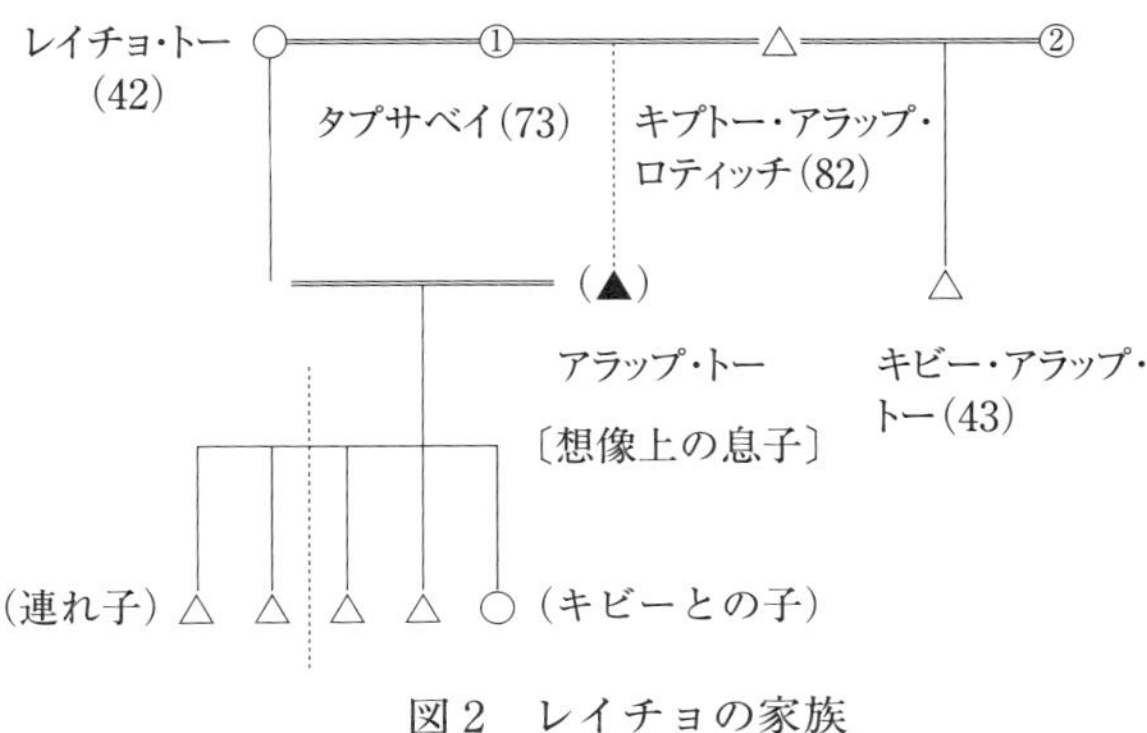

図２　レイチョの家族

ンダナイ区の男性たちは、このような選挙結果を夢想だにしておらず、激しい衝撃を受けた。それは、伝統的な慣行では、女性婚の「妻」は「妻の妻」であるがゆえに二重の従属性を帯びており、女性の間でも決して「先達」（*motiriyot*）にはなれないとされているからである。*motiriyot* とは、今でも人生最大の行事である加入礼や結婚式を初めとする、各種の儀礼のいずれかの先達（司祭者）のことである。男性たちは、この伝統的な慣行を引き合いに出して、今も女性たちの決定を強く非難して止まない。

男性たちとは異なり、女性たちはレイチョが「妻」であることをことさらに重視せず、極めて実際的に、彼女個人のリーダーとしての優れた資質それ自体を高く評価している。ここで注目すべきなのは、幼稚園の教師であるとはいえ、もし彼女が女性婚によって土地の確保を含む安定した生活基盤を確立していなければ、現実的な意味で、とてもこのような重要な役職には就けなかったと女性たちが考えている点である。即ち、女性たちの間では、女性婚の「妻」であることは、たとえ最善ではなくとも次善の選択肢、或いは少なくとも女性の正当な選択肢の一つとして既に認識されつつあったといえるのだ。女性にとっては、女性婚の「妻」は男性たちが考えるような二重に従属的な地位ではなく、むしろ女性を従属的な地位から解放する一つの可能性を与える、極めて実際的で魅力的な地位なのである。女性たちのこうした現実的、且つ肯定的な「妻」観を、一九九七年のヮダナイ区「女性の進歩」役員選挙の結果が、誰の目にも明らかに浮き彫りにしたのである。

六　女性婚とＧＡＤの視点

キリスト教会がするように、女性婚を女性の伝統的な従属の象徴と見ることはたやすい。しかし、それではキプシギスの男性の女性観にそのまま直に通じ、それを支持することになりはしまいか。また同様に、女性たちの密造酒造りを道徳的な見地から非難することも容易だ。だが、この地方の女性たちのライフヒストリーを分析してみて、数多くの敬虔なキリスト教徒の女性も、家族の死などの不幸や夫の無理解が導いた窮状を往々暫くこの手段に訴えて切り抜けてきたことがわかっている。安易な批判は、複雑で流動的な現実から目を覆うことにしか繋がらない。

他方、「女性の進歩」運動には、フェミニスト人類学からの批判がある。「女性の進歩」の展開やモリック労働の商品化は、一面では新たな資源、文化的観念、社会的な機会を女性が手にすることに繋がるが、同時に、所帯を超えた伝統的な女性の団結の基盤を突き崩す契機ともなっている。ケリチョ県では、最も切実に現金収入を必要としている、若くて貧しい孤立的な女性ほど、現金指向的な女性自助組合から排除される傾向がある。また、不平等なジェンダー関係と資本主義的な搾取に対して挑戦する権力基盤を女性に提供してはいない、というのである（Sørensen 1993: 561-563）。

しかし、ボメット県では、若く貧しい女性たちが中心となって活発に女性自助組合活動を展開している（小馬　一九八五：四四―四六）。そして、「女性の進歩」は女性の労働強化をもたらした反面、家財産制における「妻の家」の自立性も強化し、例えば、女性独自の家畜貸借のネットワーク作りを可能にした（小馬　一九八五：四三―四四）。さらに注目すべきは、ボメット県では、「女性の進歩」の協同耕作で蓄えた資金を元手に学校や教会の事業を積極的に援助し、女性たちが社会的な地位を向上させ、しかも男性若年層と手を組んで、伝統的な「老人支配」（gerontocracy）を徐々に突き崩しつつあることである（小馬　一九八五：四四―四五）。

ところで、やはり西南ケニアに住むバントゥ語系の農耕民イスハ人の女性たちは、氏族、近隣、教会の関係を基礎とする幾つもの互助組合に重複的に参加し、女性たち自身も互助組合活動を活発に組織している。その何よりの目的は、最大の儀礼的な機会である葬儀の莫大な出費に備えることである。そして、イスハの特徴の一つは、「女性の進歩」がキプシギスなどに比べて普及しておらず、ずっと所帯生活に密着していることだ（中林　一九九一：二〇九―二一三）。一方、キプシギスの女性は、伝統行事に要する多大な出費への受け身的な対応としてではなく、自らの経済的・社会的な境遇の改善を目指して「女性の進歩」と取り組んでいる（本書第三章「討論」参照）。彼女たちは、伝統的な老人政治や夫の複婚家族の家計に何時までも従属せず、独自の意志と戦略をもって活発に協働し、着実に社会的な地位を高めつつある。そして、この動きに重大な鍵として関わっているのが、「家財産制」と女性婚なのである。

このような展望に立てば、伝統に対してであれ、発展（開発）に対してであれ、一方的且つ一面的な倫理的批判を加えることが、いかに皮相で有害なものであり得るか、明らかになるだろう。

ブルデューは、アルジェリアのカビール村の人々が植民地化とそれに続く経済開発の過程の中でも、伝統的な価値観や時間観、特に将来観に従って行動した結果、立ち退き保証金を無為に使い果し、程なく困窮していく状況を叙述している（ブルデュー　一九九三）。岡本真佐子は、これに触れて、「『価値』そのものは比較のしようがない。あるのは、その『価値』とそれに基づいた『行動』が、人々のおかれている生活の状況や場にあって、うまくはたらくのかどうか、人々の行動を導く有効な見取り図を与えてくれているのかどうか、ということだけであろう」と、適切に述べた（岡本　一九九六：八二）。まさしく、これが開発を論じる者の判断の基準となるべき事柄なのだ。資本主義的思考とルールの中で動く発展や開発の企ての中では、カビールの伝統的な価値は、ほとんどの場合、有効に働かなかったのである。一方、キプシギスの女性たちは、そのような企ての中で、伝統的な価値と近代的価値とを現実的な仕方で組み合わせて、確実に地歩を確保しつつある。つまり、女性婚は、今日の脈絡の中でもなお、彼女たちの柔軟な解釈と相俟って彼女たちの行動を導く有効な見取り図を与えてくれているのであり、この視点において、女性婚に内包されている可能性は正しく、且つ柔軟に評価されなければならないのだ。

おわりに

文化人類学者が行う文化人類学的研究それ自体が、開発人類学の社会科学的な手法では取り扱えない種類の問題を解明し、その結果として開発現象の診断にも役立ち、価値相対的な柔軟な立場から課題の解決法を示唆し得る場合が少なくないことを具体的に提示するのが、本章の目的であった。最後に、この問題意識に立ち返って、もう少しだけ論評を加えておきたい。

本章の冒頭では、開発人類学とは、開発状況を伝統社会が世界システムとしての資本主義に統合されつつある過程として「客観的」に捉える学問であると、当座規定しておいた。ここで改めて問い直したいのは、その客観性とは実のところ一体何なのかということである。自然科学に範を求める社会科学は、自然科学と同様に無視点的な性格を強め、それをもって客観的だと主張する。その場合、数字と計量がその手段の最たるものである。

ところで、環境の客観性と主観性とは何かを、ユクスキュルが深く考究している。彼は、天井からシャンデリアが下がり、食べ物を置いたテーブルと椅子、そして一隅には本棚がある部屋に、人間と犬とハエがいる場面を想定する。そして、この三者の主観的な部屋の見え方を各々絵で示す。犬の絵では、テーブルと椅子と食べ物が明るく描かれるが、本棚は暗い背景の中に完全に没している。他方、ハエの絵では、輝くシャンデリアと食べ物以外は一切何も見えていない。彼は、これらの絵によって、生き物にとっての世界が、その生き物の置かれている状況と生理状態によって様々に変化することを説明し、そのような「環境世界」(*Umwelt*)を単なる「環境」(*Ungebung*)から区別したのである(ユクスキュル　一九七三)。一層興味深いのが、これを受けて日高敏隆が発している、客観的環境とは一体何かという問である。彼は、次のように論じる。モンシロチョウは、人間とは逆に、紫外線は見えるが赤は見えない。だから、花畑は両者には全く違った景観として見えるはずだが、人間もモンシロチョウもそれを「客観的」なものだと思っている。確かに、人間は実感できない紫外線や放射線の存在と強さも知ることができる。しかし、紫外線なら紫外線に注目しようと努めてした時に初めてそれができるのであって、初めから一切を計測しようとすることはあり得ない。だから、「多くの人々が実際に『環境』と感じているのは、じつに感覚的な環境世界なのであって、物理的に測定された『客観的環境』なるものは、よほどのときでないかぎり、問題にされないことのほうが多い。(中略)いちばん困るのは、この感覚的な環境世界が、いつのまにか『客観的環境』とすりかわってしまうことである」(日高　一九九〇:一八八—一八九)。

そう、社会科学たる開発人類学が、初めから一切を計測し尽くすことはあり得ない。計量化するのは、開発の立案者や推進者との共通言語の中にあるという極く少数の項目に限られている。そして、それらの項目に従って計測されたものが客観的なるものとされるのだ。だから、例えば女性婚などの普遍性の乏しい文化的な項目は肯定的に注目されることが少しもなく、それゆえに決して「見える」ことはない。開発人類学の捉える「客観的」な環境とは、実は開発人類学者の感覚的な環境世界なのだ。それゆえ、少なくとも現地での経験を積んだ文化人類学者の目の助けがない限り、開発人類学者が女性婚を「見る」ことはあるまい。そうであれば、開発人類学者が独自に、本章の記述と分析から導かれたような見通しを得ることは決してないのだ。文化人類学だけが、土地の社会における重要な文化要素の意義をその社会の日常生活の脈絡に即して明らかにし、それに着目するべきことを適切に示し得るのである。

文化人類学の開発の脈絡における固有の意味が、やはり、まさしくここにあることをもう一度あらためて確認して、この章の筆を置きたい。

《注》

(1) 例えば、経済学では経済が社会生活の他の全ての分野から分離し、且つそれらに優越し、支配するがゆえに、市場を万能と見做す。ところが、経済人類学では、経済は社会生活の他の諸々の分野と不可分に入り組み合い、その中に埋め込まれていると考える。だから、或る社会の経済は、文化のあり方に応じて多様であり、市場交換、互酬、集中＝再配分が固有の変異を示しつつ複雑に絡み合う全体の中で把握されるべきものとなる。

(2) development を「開発」と訳すか「進歩」と訳すかと同様に、intervention を「介入」と訳すか「関与」と訳すかも、この問題に関わる学問の目的や方法論に直に関わる選択であり、安易に看過してはならない重大な事柄である。

(3) 学問名称のもつ意味は重大である。人類学の前身ともいえる ethnology が民族学と訳され、他方 folklore が民俗学と訳された結果、日本語の内部で全く同じ音価をもってしまったのは、方法論的な考察を曖昧にすることに繋がった点において、大いに不幸な出来事だった。同様に開発人類学が、その命名法のゆえに文化人類学内部において経済人類学や政治人類学と同じ次元の学問として受け止められる可能性があるとすれば、それもやはり方法論的な認識を不明確にする効果をもつという意味で、残念な事態だといわざるを得ない。

(4) 本章第四節以下で詳細に論述する、女性婚を望む若い女性たちの新たな動きなどは、女性を従属的な地位から解放しようとする「ジェンダーと女性」(ＧＡＤ)の視点に立てば、彼女たちによる自発的な「社会開発」と言うことができる面が確かにあるだろう。

(5) ケニアのリフトバレー州を南北に貫くアフリカ大断層渓谷に沿った高原地帯に住む、南ナイル語系の言語を話すカレンジン民族群中最大で、推定人口(一九八九)は一〇〇万を超え、最も南に住む。数世紀前から北方のバリンゴ湖周辺より徐々に南下して現住地に達した。牛を諸価値の中心とする牛牧民だったが、植民地経済に取り込まれて以来、トウモロコシ栽培を始め、今では茶が重要な換金作物となった。生活の基盤である近隣集団や氏族を横断して形成され、強力な軍事組織でもあったナンディ型の年齢組＝年齢階梯複合体系が、かつては政治組織の中核だった。年齢組は軍事機能を失った今も維持され、社会行為の準拠枠であると共に民族的統合の文化表象ともなっている。植民地化以前は、若者が半遊動的な牛牧キャンプで牛を飼い、成人女性が雨量の多い高地の散村状の近隣集団（母村）で雑穀を作り、年長の娘たちが双方を往復して仲介した。近年まで、複婚家族の各々の妻が数キロメートルから数十キロメートル離れて自分の家をもつのが普通だった。雑多な氏族の成員からなる数十戸で構成される近隣集団が実質的な政治＝経済単位で、裁判権のある長老会議（或いは「寄り合い」）をもつ。かつては特定の管区をもたない助言的裁判官（調停者）が長老裁判を司って世論を形成し、近隣集団と民族社会の価値を媒介した。今でも、余所者を排した長老裁判は無効とされる。長老の集合的呪詛が助言的裁判官たちの逸脱に対する抑止力となっている。非地域的でトーテムをもつ二〇〇以上の父系外婚氏族とそれを横断して組織される年齢組、ならびに成年男子間の牛の相互貸借のネットワークが、行政首長制と相互補完的に、伝統的には無頭的だったキプシギス民族社会を統合している。

（6）私の知る限りでは、妻単位の家同士の距離的な隔たりは、世界中で最大である。

（7）一九七九年七月から二〇一六年九月までの初回以来三十九年間にわたって、キプシギスの人々の間で三十八次の現地調査をした。彼らが主として住んでいる地域は、一九九二年までは、リフトバレー州（Rift Valley Province）ケリチョ県（Kericho District）と呼ばれていた。同年、同県は北部のケリチョ県と南部のボメット県（Bomet District）に二分された。その後、二〇一〇年に公布された新憲法下で両県に相当する地域はそれぞれ、新しい自治県（County）として、ケリチョ県とボメット県に改変された。

（8）以下、登場人物のいずれにも仮名を用いている。

（9）民族名 *Kipsigis* とは、「割礼を伴う加入礼を受けて社会的に再度生まれた」（*sigis*）男性（*kip-*）を意味する。つまり、生まれや出身は何であれ、キプシギス独特の加入礼を受けた者がキプシギスなのだ。彼らは、キプシギスの子供はキプシギスではないという。そして、彼らのような仕方で加入礼を行わない人々を「ガキ」と呼んで蔑むのだ。

（10）近代科学の遺伝子概念から考えれば矛盾することになるだろうが、キプシギスにとっては法的親子関係が魂の再来の観念と同調しているのであって、コルゴレンのこのような判断は、少しも奇異とするには当たらない。

（11）グシイの加入礼はキプシギスとは全く異なるものの、男女共キプシギスと同様に割礼を含むイニシエーションを行う。それゆえ、グシイで既に割礼されていたオボット・サイモンの年長の子供たちは、キプシギスの加入礼に参加するだけで十分とされ、更めて割礼し直されたわけではない。このようなやり方を「加入礼を買う」という。

《参考文献》

Gluckman, Max (1950) "Kinship and Marriage among the Lozi of Northern Rhodesia and the Zulu of Natal", A. R. Radcliffe-Brown and Daril Forde (eds.), *African System of Kinship and Marriage*, pp. 166-206, London: Oxford University Press.

Komma, Toru (1981) "The Dwelling and Its Symbolism among the Kipsigis", N. Nagashima (ed.), *Themes in Socio-Cultural Ideas and Behaviour among the Six Ethnic Groups of Kenya*, Tokyo: Hitotsubashi University, pp. 91-123.

Komma, Toru (1984) "Women's Self-Help Association Movement among the Kipsigis of Kenya", *Senri Ethnological Studies*, 15: 145-186.

Sørensen, Anne (1993) "Women's Organizations among the Kipsigis: Change, Variety and Different Participation", *Africa*, 62 (4): 547-566.

Wipper, Audrey (1975) "The Maendeleo ya Wanawake Organization: The Co-optation of Leadership", *African Studies Review*, 18(3): 99-120.

岡本真佐子（一九九六）『開発と文化』岩波書店。

小馬　徹（一九八二）「キプシギス族における女性自助組合運動の展開」『アフリカ研究』（日本アフリカ学会）、第二七号、一—一九頁。

小馬　徹（一九八五）「東アフリカの〝牛複合〟社会の近代化と牛の価値の変化——キプシギスの家畜貸借制度（*kimanakta-kimanagan*）の歴史的変化と今日的意義をめぐって」『アフリカ研究』（日本アフリカ学会）、第二六号、一—五四頁。

小馬　徹（一九九六）「父系の逆説と『女の知恵』としての私的領域——キプシギスの『家財産制』と近代化」、和田正平（編）『アフリカ女性の民族誌——伝統と近代のはざまで』明石書店、二八一—三三二頁。

小馬　徹（一九九八）「開発概念の諸相　ケニア——キプシギスを中心に」川田順造他（編）『いま、なぜ「開発と文化」なのか』〔講座　開発と文化1〕岩波書店、二五五—二五八頁。

中林伸浩（一九九一）『国家を生きる社会――西ケニア・イスハの氏族』世織書房。

日高敏隆（一九九〇）『動人物――動物のなかにいる人間』福村出版。

ブルデュー、P.（一九九三）『資本主義のハビトゥス』（山本哲訳）藤原書店。

ユクスキュル、ヤーコプ・フォン＆クリサート、ゲオルグ（一九七三）『生物から見た世界』（日高敏隆・野田保之訳）思索社。

第六章　シングル・マザーと二〇一〇年ケニア新憲法

はじめに

ケニアでは、一九六三年一二月末の独立以来二〇〇二年末まで、ケニア・アフリカ国民同盟（ＫＡＮＵ：Kenya African National Union）のジョモ・ケニヤッタ（ギクユ人）とダニエル・アラップ・モイ（カレンジン人）、二代の大統領による、独裁的な長期政権が続いた。彼らに超法規的で恣意的な強権支配を許してきたのは、逆説的にも、植民地的な性格を色濃く残した独立時以来の憲法だった。

それゆえ、二〇〇二年末にＫＡＮＵ政権が打倒されると、新憲法制定が焦眉の国民的課題となった。だが、二〇〇五年一一月末、ムワイ・キバキの「虹の連立国民連合」（ＮＡＲＣ：National Alliance of Rainbow Coalition）政権が実施したその可否を問う国民投票では、利害の鋭く対立する（とされた）幾つかの政治課題をめぐって民族系列に沿って国論が二分された結果、新憲法草案は否決の憂き目を見た。次いで、内戦に近かった「二〇〇七―〇八年総選挙後暴動」後の危機を乗り越えるべく大連立内閣を組んだ第二次キバキ政権の下、二〇一〇年八月初めにあらためて実施された国民投票では、新憲法草案に約六七パーセントの信任票が投じられた。こうして漸く日の目を見た新憲法では、男女平等の相続権が明確に保障されている（小馬　二〇一八）。

では新憲法は、今やその存在がキプシギス民族には絶大な重荷とされている、数多い未婚の母たちの境遇をどう変えることになるのだろうか。本章は、新憲法制定前後の現地の具体的な状況を基にしてこの問題を考察する。

一　問題の歴史的な背景

十九世紀末に英国により植民地支配される前、キプシギス民族は、数多くの小さなトーテミックな父系外婚氏族間の通婚による政治的な同盟を忠誠の核とする、非中央集権的（無頭的）な牛牧の民だった。中央集権的な英国植民地政府の統治を受けて以来一世紀余りを経た今日、そのような属性をもつ氏族連合としての民族の意識は幾分薄れたものの、父系的な氏族・家族観や宗教観（祖霊観）とそれを支える慣習法的な諸観念は、民族社会の存立基盤としてしっかり生き残っている。

その反面、全女性を残らず結婚させて彼らに生存と財産を保障するという（一夫多妻複婚を構造原理とする）婚姻制度は、一九八〇年代頃から未婚の母の数が顕著な社会現象となって以来動揺し始め、今や男たちはその崩壊の危惧を隠そうとしない[1]。

キプシギスの慣習法は、（父系的に財産を相続すべき）兄弟がないがゆえに、或いは結婚前に死亡した兄弟の身代わりとして、家系を継ぐべく実家に居残って未婚のまま子供を産み育てる場合を除けば、父親の財産の相続権を、娘には一切認めてこなかった（小馬　二〇〇七）。それゆえに、著しく「近代的な存在」

である未婚の（特に子持ちの）娘は、どこでもまず例外なく冷遇され、いわば「三界に家無し」と言うべき、寄る辺ない状況に追い込まれることになってしまった。彼女たちが、止むに止まれず母親を頼って彼女の小屋に住みつくことになれば、永続的な不和の種として、子供たち共々、兄弟とその家族たちから忌み嫌われるのが常である。

しかし、（特に子持ちの場合）未婚の娘がやっと生きていける程度（通例一エーカー：約〇・四ヘクタール）の土地の耕作（と相続）を渋々認める、現実的な妥協が近年次第に広く見られるようになっている。

二　新憲法制定への動きと問題の背景

さて、右に述べた新憲法制定の眼目は、ケニアの植民地化に続く近代化（西欧化）の流れに大きく遅れをとり始めた憲法の諸規定を漸く眼前の現実に即応させ、社会的な矛盾や不整合をできるだけ解消して、近代化に棹さすことだったと言える。そこで、地方分権制の導入や土地保有制度改革と共に、（既婚の）娘に息子と同等の相続権を認めようとする施策が、国民投票の主要な争点になったのである。

とはいえ、英米法的な国家法の他に、各民族集団が固有の父系的な慣習法をもつことを公許するケニアの二重法制の下では、事は決して単純ではない。筆者の長年のフィールド、ボメット県（Bomet County）住民のほとんどを占めるキプシギスの人々の間でも、新憲法制定の是非を念頭に置いて、男女平等の相続権の是非をめぐる様々な声が聞かれた。しかし、総じて言えば、父親からの相続権を（既婚なら勿論）未婚の娘にも平等に与えることには、男性は老若を問わず強く反対であり、女性たちの間にも賛成する者はまずなかった。

第一に、ボメット県は大都会から遠く隔たり、生計を大きく農業に依存する保守的な地域である。しかも、植民地化以来持続している激しい人口爆発と共に、土地の細分化が急速に進んで、[2]（既婚の娘は言うまでもなく）未婚の娘はおろか、息子たちに割き与えてやれる土地も無い貧しい家も決して少なくない。

さらに、一層重大な問題の淵源は社会の構造原理にある。（牛に代わって今では最重要の資産となっている）土地を未婚の娘にも温情的に相続させれば、未婚の母がいよいよ増え、氏族同士を連帯させて民族としての政治的団結を導く機能をもつ婚姻制度の存続が大きく脅かされ、民族としての凝集性が脆弱になるだろう。キプシギスでは、娘は結婚と同時に夫の氏族（ならびに年齢組）へと自動的に編入される。それゆえ、従来、未婚の母の存在も、またその相続上の権利もいわば完全に想定外だった。既婚の娘が実家から相続するなどは、さらに強く論外とされてきた。

ところが、先に述べたように二〇一〇年八月制定の新憲法は、未婚・既婚を問わず、全ての娘に息子と同等の相続権を一気に認めた。キプシギスの慣習法は、ここに国家法による全面的な挑戦を突然受けることになったのである。

ただし、実は二〇一〇年新憲法制定以前も、少なくとも法律上、或る意味では娘にも息子と同等な相続権が認められていた事実を看過してはならない。二〇一〇年新憲法が敢えてその権利を再度前面に押し立ててその保障を謳った事実は、この課題に関する（西欧的・民主的な）国家法上の理念とケニア各民族の慣習法の実勢の間の乖離の容易ならざる大きさを、図らずも物語っていよう。次節では、本論に入るのに先立って、この事情を予め一通り概観しておきたい。

三　二〇一〇年新憲法制定以前の娘の相続権

次のピーター・ムワウラの評論（Mwaura 2007）は、新憲法公布直前の娘の相続権のあり方の実態を俯瞰するうえで便利な資料である。そこで、まずその骨子を忠実に辿ってみよう。

「相続権法条例」（Law of Succession Act）が一九八一年に成文法として発効して、遺書か遺言が存在していない限りは、性と未婚・既婚を問わず、全ての子供に平等な相続権を認めた。それであるのなら、その後もケニアのほとんどの民族集団の慣習法ばかりか、国家法による法廷裁判までもが大概息子と同等の相続権を娘に認めたがらないのは、実に驚くべきことだ。

二〇〇七年七月三〇日、（ギクユ人の土地にある：筆者注）ニエリ法廷は、二人の既婚の娘が彼女等の夫から相続すべきだとして、父親からの相続を彼女たちに認めなかった。「相続権法条例」が慣習法を無効化したと見るべきなのにも拘らず、キクユ（＝ギクユ）民族の慣習法を適用したようだ〔判例A〕。その場合、息子たちだけが父系的に父親から（平等に）遺産相続ができ、娘には未婚のまま家に残された場合に限って同じ権利が認められることになる。不幸にも、大概の人々は「相続権法条例」を無視しているか、その存在さえも知らないのが実情だ。だが、（国家法を司る）法廷ではそんな言い訳は利かない。

さらに、「相続権法条例」発効以前でも、明らかに不公正な場合、判事は「裁判官職権条例」（Judicature Act）を適用して、慣習法の適用を阻止できた。「裁判官職権条例」は、（諸民族の）慣習法を法階梯の最底辺に置いて、飽くまでも「正義と道徳に反しない」限りでならそれを適用できると規定している。例えば、次の訴訟〔判例B〕ではジョージ・カリウキ判事（ギクユ人：筆者注）がこの根拠に則って、ルイア民族の慣習法の適用を退けている。

この事例では、シモレラ・マデグワの農場を相続できる者はゼムベタ・アカラと彼女の甥ゴドウィン・アシモレラの二人だったが、ルイア慣習法では既婚婦人であるゼムベタに遺産相続権を認め得るか否かが争点だった。マデグワは、「相続権法条例」発効六年前の一九七七年一一月二八日に遺書も遺言も残さずに死んだ。ゼムベタが十七年後の一九九四年に法廷に訴え出たのだが、だから、ルイア慣習法を適用できた。だがカリウキ判事は、既婚の息子に相続権を認めても既婚の娘には認めないルイア慣習法が正義に反していて差別的であるがゆえに、それがケニアの現代社会に占めるべき位置はないと宣言して、ゼムベタの相続を認めたのだった。

しかし、「慣習法はそれに疑問を抱く者も稀な程深く我々の魂に染み付いていて」、それを排撃することになる「ゼムベタ型の判例が普通ではない」という事実を次の諸判例が示している。

（「相続権法条例」発効の約六年後の）一九八七年六月六日、父親の逝去後、アナスタスィア・ンジェリ（ギクユ人：筆者注）は、平等な五・五五三エーカーならぬ三・七六エーカー（つまり三分の二）の土地を兄弟たちから与えられたことを不服として、法廷に訴え出た。二〇〇一年五月二一日の判決文で、ジョン・オスィエモ判事（ルオ人、またはルイア人：筆者注）は、兄弟たちの肩をもって、次のように言う。「私は、既婚婦人である原告が亡父の農地からきちんと分け前を得た事実に満足するものであって、既に確定した地割りに（今さら彼女が）介入すべき理由を見出せない」〔判例C〕。

二〇〇四年、フィリップ・ランズレイ判事（英連邦出身の白人：筆者注）もまたギクユ民族の慣習法に則って、モニカ・ワンブイに、彼女の兄弟、スティーブン・ンドアティと対等な相続権を認めた。判決文は、「ギクユ（ギクユ：筆者注）の慣行と法の下では、既婚の娘は彼女の父親の土地を他のどの息子とも対等に相続する権利を有する」と述べる〔判例D〕。だがギクユ慣習法は、既婚の娘に兄弟たちと対等な相続権を認めてはいない。実際、娘は「僅かな取り分でも、全く取り分なしでも好しとされる」のである。ギチュルとガチュヒ（共にギクユ人：筆者注）の間の裁判の（最高裁に当る：筆者注）控訴院の判決（一九九八年一一月一三日）は、「既婚の娘は兄弟と対等の取り分を得る権利を持たない」と述べ、この事実を確証している。なお、この事例では、父親は「相続権法条例」制定以前に既に没していた〔判例E〕。

遺書も遺言もない場合、「相続権法」が慣習法に代わって「普遍的な妥当性」を持つとされる。しかし、今でも法廷の判決のぶれは（以上に見たように）実に甚だしいものがあり、「相続権法」は伝統的な慣習法に押されて退潮気味だ。さらに「相続権法条例」は、「（司法を所管する）大臣が農地、作物、家畜の相続に関しては官報で告知して特定した地域に限って同条例の適用を除外し得るので、効力が限定される」。くわえて、イスラーム教徒は同条例の適用を免れ、娘の二倍の遺産の相続を息子に認めるイスラーム法に従うことを認められている。

さて、以上のように概観できるムワウラのレビュー記事に基づけば、ケニアの二重法制下での娘の遺産相続の諸条件の現状を、略略次のごとく要約できることになるだろう。

（1）ケニアのほとんどの（父系）民族の慣習法は、娘に相続権を認めていない。

（2）ただし、未婚の娘は例外で、その境遇それ自体によって、または特定の条件下で、（息子と同等かそれ以下の）相続権を認める民族がある。

（3）一九八一年に成立した「相続権法条例」は、父親が遺書も遺言も残さずに没した場合には、普遍的に慣習法に優越する。

（4）慣習法（「村の裁判」の「判決」）に異を唱えて国家の下級地裁（magistrate court）に提訴した場合、慣習法は「正義と道徳に反しない」限りで適用可能である。

（5）しかし、「正義と道徳に反しない」とは見做せない不公正な場合には、「相続権法条例」制定以前でも、「裁判官職権条例」（Judicature Act）に基づいて、慣習法ではなく国家法を適用することができた。

（6）それにも拘らず、慣習法は自明化されてケニア人の心に深く染み込んでいる。法曹の場合も決して例外ではなく、娘に不利な判決を下すことが圧倒的に多い。

（7）慣習法が娘にも息子と同等の相続権を与えていると見る（英連邦出身の白人判事による）判例もあるものの、事実に反し、控訴院が明確にそれと逆の判断を示した。

（8）法廷による判決は、無定見であるがゆえに信頼性を欠く。実際、慣習法が優勢となる趨勢が見られ、「相続権法条例」を無力化させ続けてきた。

（9）くわえて、「相続権法条例」には司法上の適用除外地域の規定があって、同法の普遍的な適用力を弱めて慣習法に道を譲っており、自らの無力化を助長している。

四 「ケニアの類なき埋葬物語」と慣習法の再強化

ここで、本論のこれからの円滑な展開のために、敢えて幾つかの注釈を付けておきたい。同じ旧英国領の隣国、タンザニアとウガンダが独立直後に慣習法の定義を明文化したのに反して、ケニアはそうしてこなかった。そこで、実務上の差し迫った必要から、ロンドン大学のアフリカ法研究者たちがケニア各民族の婚姻と離婚、ならびに相続に関する慣習法を調査し、その成果を集成した二巻本（Cotran 1968, Cotran 1969）をケニアの独立後数年の内に刊行した。

ただし、それは慣習法典として意図されたものではなかったのだが、（他民族出身の）判事の頼るべき体系的基盤が全く不在だったがゆえに、慣習法典の役割を実質上担ってきた。だが、こうした未整備な法環境は、下級地裁の慣習法に依拠する判決の大きな振れに帰結することになった。その一面が極端な形で現れたのが〔判例D〕である――上記（6）～（8）参照。

次に、（4）と（5）の「正義と道徳に反しない」云々の論議は、旧宗主国英国の法体系に各民族の慣習法を接ぎ木した複雑なケニアの法環境[3]で（旧憲法下での：筆者注）全ての裁判所（控訴院、高裁、地裁）が準拠すべき法律と、複数の法律が相互に抵触し合った場合の優先順位を規定した「裁判審理法」第三条第一項に拠っている。この法律は、ウガンダとケニアが（各々一九八四年と八五年に）英国保護領となって間もない一八八七年に発効した。この曖昧で古色蒼然たる条項は、むしろ法解釈の混乱を助長してきたと言うべきだろう。

次いで、ムワウラの記事の掉尾に当る部分の補足説明をしよう。「(司法を所管する) 大臣」云々の文言が示唆するのは、次の事実である。一九八一年に相続権法条例が発効したとはいえ、「実際には、遺言により慣習法による相続を指定できるし、無遺言の場合は農地、作物、家畜に対して新相続法は適用除外となっているから、従来の男子偏重の相続と大差」ない (松園 一九九二：五三七) 状況が、実質上維持されてきた。具体的に言えば、慣習法による相続を指定されているのは、住民がほとんど単一の民族で占められる諸地域なのである。

また、相続権法条例が伝統的な慣習法に圧倒された事態の背景には、一九八六年から翌八七年に掛けての五か月間、ケニア国民を熱狂させた「ケニアの類なき埋葬物語」が一大転機となったという事情がある。その「物語」の主要部を成す法廷劇は、一九八六年一月二〇日に五十五歳で急逝したS・M・オティエノというルオ人の高名な刑事専門弁護士の遺体の引き取りと埋葬地をめぐって、彼のギクユ人の妻ワンブイと彼の弟オチエン・オウゴ並びに彼の出身父系氏族の間で争われた。妻と子供たちは都市の市民としてナイロビ郊外の農園に、オウゴとウミラ・カゲル氏族はルオ民族の慣習法に則って父祖の土地に埋葬するべきだと強く主張して、互いに譲らなかった。

マスメディアは、端から国民の熱狂を煽り続けた。それは、夫婦がケニア独立以前から鋭い対抗関係にあった二つの有力な大民族 (ルオ人とギクユ人) の成員で、社会的地位も極めて高い都市住民男女の通婚の好例だったからだ。ケニア独立闘争 (マウマウ闘争) にも加わり、独立後も活発に社会活動をしてきた寡婦ワンブイが徹底抗戦の気概を示したので、民族の伝統理念と現実の都市生活の間に横たわる諸々の制度的な不整合と断絶が大きく浮上する結果になった。それゆえ、この事件にはケニアの現代を読み解くことができる様々な端緒があるのだが、詳細は他の重要な論文（松園　一九九二）に譲り、本章に直に関係する諸点に触れるに止める。(4)

慣習法による民事裁判は、必ず最初に下級地裁で審理され、必要に応じて高裁・控訴院へと上訴される。(5)そのどの段階でも、「慣習法の適用が退けられ、近代的な正義と道徳の概念に基づく判決が下される、というのが従来の一般的な傾向」だったのだが、Ｓ・Ｍ・オティエノの遺体引き取り問題の「控訴院判決は、従来の植民地的な法の判断から離脱して、ケニアの法体系における慣習法の明確な位置付けを試み、コモン・ローとアフリカ慣習法の優劣関係を対等関係に改め」、さらに「確固たる姿勢で慣習法を擁護した点で、まさに画期的な判決であった」（松園　一九九二：五五一）。

無論、妻（と子供）に夫の遺体の引き取りと埋葬の自由を認めなかったこと、また慣習法には社会の動きに即応して変化する特質があるうえに生活慣行も極めて多様化してきたにも拘らず一枚岩的な慣習法を想定している点は、甚だしい時代錯誤だという批判があった。だが、逆に「慣習法の地位を高めることで、ケニア法のアフリカ化を一段と推進させた、として高い評価を与える知識人たち」も多かったのである（松園　一九九二：五五三―五五五）。

「慣習法は疑問を抱く者も稀な程深く我々の魂に染み付いていて」、それを排撃する「ゼムベタ型の判例は普通ではない」とムワウラが書いた事実をここで思い出そう。「五か月間にわたってケニアを震撼させた類稀な法廷劇であり、慣習法を含むあらゆる国内法の将来の運命に対して大きな一石を投じた裁判」（松園　一九九二：五四〇）であって、ムワウラが嘆く右の事態が生まれる画期が、まさにこのオティエノ裁判だったのである。

もっとも、二〇〇四年の〔判例D〕のように全く逆の判決が出る場合もある。ランズレイ判事は慣習法に依拠したと言うが、その解釈はコトランが記録したギクユ慣習法を完全に無視し、英国コモン・ローに依拠したとしか思えない。要するに、（前節の要約（8）で指摘した通り）オティエノ裁判後も法廷の判決には依然定見がなく、振れ幅が大きいのである。

次節では、（キプシギス民族がその最大の分枝である）カレンジン民族群の事例に則して、人々が「ランドマーク」的だとしてしばしば参照する一つの判例を検討する。

五 カレンジン民族群版ランドマーク的判決

オティエノ裁判は、ムワウラが慨嘆するような各民族の慣習法と（私法に関連する）コモン・ローの対等性を前提として前者優位の趨勢を導いた点で、まさに特筆に値する。一方、キプシギス民族（や他のカレンジン民族群）の娘の相続権に関する認識を改めさせたのは、次に見る二〇〇五年四月の（カレンジン民族の本拠地の中心部に位置する）エルドレットの控訴院の判決（Kenya Law Reports [Gender Family] 2008: 803-817）である。ムワウラは触れていないが、この「ロノ対ロノ」裁判の判決は、慣習法の適用を退け、父親からの相続権を性と婚姻上の地位に関係なく子供に等しく認める点で、画期的な判決だった。いや、それに止まらず、慣習法優位の状況を二〇一〇年新憲法の成立で再度逆転させることになる、新たな潮流の確かな兆しだったと言えるものであった。

一九八八年七月、ウアスィンギシュ県（当時）に住む（カレンジン民族群の一つである）ケイヨ民族の農業者スティーブン・ロノが六十四歳で亡くなった。初妻ジェーンと次妻マリーには、それぞれ息子三人と娘二人、及び四人の娘がいた。すぐに両「妻単位の家」（*kop-chi*：以下単に家と表記）の間に遺産の分割と借財支払いの分担をめぐる悶着が持ち上がり、エルドレット高裁に提訴された。だが、ナムブイェ判事（アフリカ人女性）が一九九七年六月に漸く言い渡した判決を不服として、次妻が娘たちと連名でエルドレット控訴院に上訴した。ここでは、息子と平等な娘の相続権の認否が係争の焦点なので、一九九四年時点での娘たちの婚姻上の地位を最初に述べておこう。

初妻の長女マリー・キスィロ（四十二歳）は、離婚して夫との間の四人の子供を連れて出戻った。次女リナ（四十歳）は未婚だが、曖昧な同棲関係にある男との間に二児がある。次妻マリーの長女（三十二歳）は、（婚資は未払いだが）慣習婚をして四人の子供を設けた。次女チェロティッチ（三十歳）は未婚で子供もいない。三女はグレース（二十九歳）という名で、未婚だが子供が一人いる。四女ジョアン・ジェプケムボイ（二十歳）は未婚。子供もいない。

さて、本書では、争われた別格の遺産である一九二エーカーの広大な農地に的を絞り、煩瑣になることを避けて、他の軽微な案件は割愛したい。初妻家の最初の提案は、各息子が二二エーカー、妻と娘が各々一四エーカーづつ（都合、初妻家が一〇八エーカー、次妻家が七〇エーカー）相続し、一一エーカーは（家族一一人が各々一エーカーの権利を持つ）マーケットの敷地に、残る二エーカーは共用の牛用薬液浴施設に、さらに別の一エーカーを宅地に当てるというものだった。初妻家と息子の取り分を多くする根拠は、①次妻家ができる以前に土地を買って開拓したこと、②娘は余所に婚出すること、そして何よりも、③ケイヨ慣習法が父親の農地の相続権を娘に認めていないことにあった。次妻家はこの案を差別的と見て、両家が（ケイヨ民族の伝統である「家財産制」〔本書第三章第三節参照〕に則って：筆者注）単純に九六エーカーずつに二分したうえで自由に処分することを主張した。初妻家がより勤勉に土地作りをした確証はない。また、亡夫が生前何事でも息子・娘の区別なく子供を平等に扱い、次妻家に初妻家の末息子を与えもしたのは、事実として両家で合意を見た。

高裁は、自らの自由裁量に慣習法と成文法の両方の要素を取り入れた。（いずれもカレンジン民族群の）ケイヨ民族をマラクウェット、トゥゲン両民族と同じ章に纏めたコトラン（一九六九）を引いて、ケイヨ民族の相続が父系的で、複婚なら各妻の家は子供（正確には息子：筆者注）の数に関係なく遺産を等分し、娘の取り分はないとした。(6) 同高裁は、「相続権法」にも言及し、家の他に、妻も遺産分与単位として認定されると言う。そのうえで、ナムブイェ判事は、関係者と成文法条文に共通する、娘にも相続させよという要請を汲んだ。ただ、娘が婚出してその婚家でも将来更に相続し、他の家族員に勝る過分な特典を得る可能性も考慮した。さらに、息子のない次妻が不利になる処遇を避け、初妻に勝る取り分を認めた。結局、初妻ジェーンに二〇エーカー、次妻マリーに五〇エーカー、各息子に三〇エーカー、各娘に五エーカー、つまり初妻家には都合一二二エーカー、(7) 次妻家には七〇エーカーを分配したのである。

二〇〇二年五月に控訴した次妻家側は、主な訴因として次の諸項を挙げた。①子供の性差別を排する相続権法と（旧）憲法の規定に反して、マラクウェット慣習法が援用されている、②相続権法（第四〇項）が全ての寡婦と子供を平等な相続単位と見做しているにも拘らず、娘には将来の結婚で不公平な特典を余分に得る可能性があると見るのは、一九九四年に既に両家の娘が年増だった事実を勘案すれば不当だ。③次妻が初妻よりも三〇エーカー多い土地を得たが、この取り扱いもまた相続権法の平等原則に反するゆえに、同法を遵守する別の判決を求める。

エルドレット控訴院（ワキ、オモロ、オクバスの三判事担当）は、ムワウラの評論やオティエノ裁判で急所となった諸点だけでなく、国際法やケニアが批准していた差別と人権に関する諸々の国際条約と国内法の関連性も検討して、次のように判決を下した。

遺書を欠く相続案件には普遍的に相続権法が適用され、慣習法は明確に排除される。また、係争地が所在するウアスィンギシュ県は相続権法の適用除外区域に指定されていない。ナムブィエ判事の自由裁量は、婚出の可能性を斟酌して、娘に最小限の土地を与えたが、自由裁量は健全に合法的で、且つ事実に基づくべきだ。娘の婚出の如何は決定的要因ではないし、一九九四年の時点で一人を除いて全員が未婚か離婚の年増であり、一一年後（二〇〇五年）も変化はない。また、故人が子供全員を性差別せず平等に遇したのも明らかだ。これはケニア国憲法や国際法が謳う高貴な観念に適う事実だが、十分考慮されなかった。被告（初妻）側が元々故人の娘全員に各々一四エーカーを割り振ったのは、夫の遺志を熟知していたからだ。高裁が娘に僅か五エーカーしか与えなかったのは首肯できない。以上の全てを勘案して、①二人の妻に各々三〇エーカー、②息子・娘を問わず子供九人に各々一四・四四エーカーを与え、③残る二エーカーを共同の宅地とする。（この結果、初妻家は約一〇二エーカー、次妻家が約八八エーカーを得、取り分は一層平準化されたと言える）。

この判決は、既婚の娘にも他の子供たちと平等の相続権を明快に認めた画期的なものである。特に注目に値するのは、二〇〇五年一一月末の最初の改憲国民投票を目前にした同年四月のこの判決文が、新憲法草案が「ケニアに適用可能な慣習国際法や国際協定」とケニアの諸法を同軌させるべしと謳っている事実に、ことさら注意を促していることである。

キプシギスの知識人の間では、判決後、次の見方が有力だった。①次妻家は、慣習法に沿って、妻単位の家の間での（子供の性と数を無視した）等分という形式的平等（equality）を求めて上訴した。②控訴院は自由裁量権によって、平等よりも衡平（equity）を重視して、次妻家を支持した。しかし、③控訴院判決よりも初妻家の最初の遺産分割案の方がさらに一層平等に近いと言える。

六　土地を分与された単身の母たち

さて、その後の二〇一〇年八月の新憲法交付を契機に、キプシギスの人々の意識や（特に田舎の）娘たちの境遇に急激な変化が見られる訳ではない。ただ、筆者の一九七九年以来のフィールド、ボメット県では、未婚の母が父親の土地を相続するという新奇な事象が、二〇〇〇年前後からぼつぼつ現れている。まず、その具体例を見よう――全て仮名を用いる。

Ｎｄ村工芸学校教師のアンは、一九九〇年代の末、まだ故郷Ｋｔ村にいた中学校生時代に娘を産んだが、父親ルグートはその少し前に、アンの姉で結婚以来夫の暴力に苦しんでいたエスタを家に連れ戻した。彼は家族を集めて、妻とこの二人の娘に自分の六〇エーカーの土地から各々二エーカーを与えるが、その内各々一エーカーは茶畑でなければならないと宣言した。それから間もない二〇〇〇年に彼が七〇年余りの生涯を閉じると、五人の兄弟のうち四人が父親の遺言を反故にして、エスタには婚家に戻れ、アンには責任がある男の元へ去れと強要した。だが、母親と三男の二人は遺言の遵守を求めた。特に母親の抵抗は頑強で、他の息子たちも最後には折れた。まず、二人の娘に一エーカーづつの土地が与えられた。次いで、家族が地元の製茶会社に出荷した茶から得た利益配当金を元手に近所に茶畑を買い求めることにし、二〇〇三年にはエスタに一エーカー、二〇〇五年にはアンにも一エーカーが与えられた《事例1》。

アンとエスタの幸運は、同情的な父親が適切な時期に遺志を明快に表明してくれたことである。同じKt村のそうでない次の事例では、娘の苦境はずっと厳しいものになった。

ジョセフィンの父親マイユワが二〇〇四年に没すると、息子たちが父親の土地を自分たちだけで分配して、彼女には一切何も与えなかった。彼女が未婚のまま出産した二〇〇五年、兄弟たちはジョセフィンを一層強く厄介者扱いにし始めた。幸い、ジョセフィンはKs茶園の事務員として働いていたので、どうにか自活はできた。さらに、茶葉の買い上げに付随して毎年一度支給される利益配当金で、母親が余所に密かに茶畑を買い求め、二〇〇七年と二〇〇八年に各々一エーカーづつを彼女に与えてくれた《事例2》。

Kt村はボメット県の最北端にあってケリチョ県と境を接しているので、かなり高い標高と火山性の土質が茶の栽培に好適で、キプシギスでも最も豊かな地方に属する。《事例1》・《事例2》でも、家族の茶栽培によるかなり大きな収益と母親の庇護が娘たちの自立の礎となった。同県でも標高が低く、乾燥して土質も粘土質で茶栽培に適しない南部地方では、娘たちはジョセフィンたちと比べて遥かに困難な境遇に置かれている。

NG村のサモロルには息子二人と娘六人がいて、五女以外の娘は皆婚出した。ところが、五女は知恵遅れで、男児と女児を二人づつ産んだが父親は判らない。ケニアでは、知恵遅れや身体に障害のある若い女性が最も性的なハラスメントを受け易いとされている。五女の行く末を案じた老サモロルは、二〇〇九年、遺言として自分の一六エーカーの土地から一エーカーを五女に与えると宣言した。息子たちは、彼女の権利ではなく全く「特別の恩典」だと断ってから、渋々容認した。小学校の副校長を務めている長男は、知恵遅れだから致し方ないと言う。牛仲買人の次男は、その後妹に避妊手術を受けさせただけでなく、未婚の母になる前に施術すべきだったと、しきりに悔やんだ《事例3》。

同じNG村のタブティッチは、二〇〇七年、未婚の母である足萎えの娘アンジェリーナにも三人の息子たちと平等に三エーカーの土地を分け与えた。彼は、さもなければアンジェリーナが息子たちに蔑まれることになると言い、(自分の死後)息子たちが娘の土地を奪うようなことがもしあれば、その行為が呪いとなり、次には彼らの妻たちが足萎えの子供を産むだろうと警告(「父親の呪詛」を)した。アンジェリーナによると、それ以来兄弟たちと絶交状態になり、今は父親が唯一の支えだと言う《事例4》。

未婚の娘たちの行く末を案じ、慣習法に違背しても、娘に土地を分け与えようとする進歩的な親は、他にも見出せる。次に紹介するのは、二人の娘が南部地方では例外的に大きな土地を財産相続で得た稀な例だが、やはり息子たちと他の家族との関係が完全に破綻してしまった。

CK村のエズラ・タイタ(七十八歳)の四女ナンシーは、NDマーケット裏に住み、活発に野菜を商う。CK村居住の、エズラの初妻は娘六人と一人息子ジョエルを産み、ナンシーと末娘レイチョ以外の娘は残らず婚出した。エズラは、二〇〇七年、初妻の持ち分の三七エーカーの土地から、各五エーカーづつを未婚の母である二人の娘に与え、自分は初妻と共に遠方に転出した。この二人の娘は、兄ジョエルの反撃を恐れて父親が与えた元の土地を即座に売り払い、数キロメートル離れた別々の所に三エーカー程の土地を各々二か所づつ買って移り住んだ。ナンシーは、遺産贈与は父親の大権に属すると言う。そして、米ミッション系プロテスタント（ＡＧＭ）の同地最古参の信者で、且つ元中学校教師だったエズラが格別に開明的だった事実を強調する。だが、自分の過分な相続には強い負い目も抱いていて、相続後も土地が完全に自分の物になった確信がもてないでいた。彼女は、十分な教育を受けた三人の姉たちは自分が貰った土地に匹敵する費用を両親から既に得ているのだから、（既婚でもあり）土地相続の権利はないが、現在別居している五女には、自分や六女レイチョと同等の権利があるのだとも言う。なお、エズラの一人息子ジョエルは早い段階で学校教育から落伍したので、彼にかかった教育費用は三人の姉に比してずっと少なかった《事例５》。

以上の五つ事例から、単身の母の福祉はその両親の経済状態と父親の意向によって決定的に左右されることが判る。興味深いのは、相続権法が男女平等の相続を保障しても「実際には、遺言により慣習法による相続を指定できる（中略）から、従来の男子偏重の相続と大差はない」（松園　一九九二：五三七）と松園が述べたのに反して、父親が生前の宣言や遺言によって保護するのは（相続を自明視される）息子ではなく、全て娘だという逆説的な状況がキプシギスの土地で現出したことだろう。また、《事例５》のナンシーの発言に端的に窺える通り、娘に施した高度の教育を生前の遺産贈与の一形態と見做す新しい傾向が、社会の中・上層に生まれている。ただし、最上層では、高度に教育された娘も息子と同等の相続権を約束された、次の例がある。

Ｅｂ村のジョン・マイナ（故人、当時八十四歳）は、次妻の長女レア（四十一歳）の二〇一〇年八月に予定されていた結婚を、小児麻痺の後遺症で跛行するレアが必ず虐待されることになると言って拒んだ。それを知った兄弟たちが是非とも結婚せよとレアに迫ると、ジョンは彼らを叱り飛ばし、レアを息子の一人と見做して次妻家の財産の全てを息子たちと平等に相続させるし、将来万一他に未婚の娘が出ることになっても全く同様に扱うと告げた。彼は、Eb村（約三〇〇エーカー）の他に二つの大農園（約二〇〇エーカーと一〇〇エーカー）を余所にも持っていて、初妻と第三妻が各々子供たちと共にそこに住んでいる。次妻の長女であるレアには、婚家から出戻ったレベッカと、まだ独身のエンダ（エルドレットの大学講師）という二人の妹がある。なお、初妻の娘は既に全員婚出し、他方、第三妻の娘たちはまだ幼くて適齢期に達していない。マイナの息子は総勢三〇人以上を数える《事例6》。

息子たちへのジョンの宣言は、エンダが突出した最高水準の教育を授かったうえで、なお息子（や他の未婚の母である姉）たちと平等な遺産相続権を与えられることを約束したものである。

七　未婚の母ローザの叛乱

前節で取り上げたのは、いわば誠に稀な幸運な娘たちの事例である。しかし、他の子持ちの未婚の娘たちは、一般に子供を母親に預け、広い土地を持つ他家の農作業を手伝う等、日々雑業に日がな従事してかろうじて生きているというのが実情である。

一例を挙げれば、ND村のジェネス（四十四歳）は、NDマーケットで男たちに体を売って僅かな金を稼ぎ、数年前に漸くKG村に一エーカーの土地を買った。許されるはずもないから、兄弟に土地を乞おうとは毛頭考えなかったと言う。彼女は、土地を「人々が極めつけと信じている物」と呼び、自らの努力で土地を買い取るまでの艱難辛苦を縷々語った《事例7》。

《事例8》は、未婚の母が村の長老に徹底抗戦をしぶとく挑んだ、前代未聞の大騒動である。人々は破天荒の椿事と驚愕した。

GS村、ゼイン・キプレルの四女（末子）ローザは、一九七三年生まれで中背痩身、迸るばかりの活力に満ちているが、中学卒の「高学歴」の娘であることも手伝って、容易に伴侶を得られなかった。三人の姉は既に婚出し、他に兄レモン（第四子）がいる。二〇〇一年に父親ゼインが死に、さらに二〇〇三年に男児を産んで未婚の母になると、ローザの結婚はほぼ絶望的になった。彼女は、二〇〇四年にはトウモロコシと鶏卵の小商いを試みたが、やがて金策が尽きて挫折する。父親の一二エーカーの土地は東西に走る踏み分け道で南北（各々七エーカーと五エーカー）に分かれている。彼女は、鶏卵の小商いを放棄した後、南側の一角の一エーカーを耕作し、そこに小屋を立て、雌牛一頭を飼養して自活した。家庭紛争の発端は、二〇〇六年一〇月、兄レモンが、自分の息子がイニシエーション修了後に住む若者小屋を南側の土地に建て始めたことだった。ローザは、南側は自分が相続した土地だと突如言い出し、あらゆる手段で若者小屋建設の妨害を試みた。プロテスタント（ＡＧＣ）の牧師であるレモンは、努めて心を鎮めて、村の裁判の開催を求めた。

二〇〇七年一月、第一回目の「村の裁判」（*kiruoget*）で母親のエスタは、ローザは「特別の恩典」として仮住まいを認められたが、振る舞いが良ければ一エーカーの土地の分与もあり得ると考えていたと証言した。ローザは、ミニスカート姿で現れ、しかも慣習法に反して起立し、父親が南側の土地を自分に与えると生前語っていたと証言した。また、自分の権利を否認するためにわざわざ開かれるこの裁判は馬鹿げていると、老人たちを愚弄し、冷笑し続けた。ローザ側の証人となるはずだった（ローザに買収されたと噂されていた）隣人男性は、この光景に恐れをなして翻意し、兄以上に広い土地を求めるのは不当だと述べた。飽くまでも「特別の恩典」として、ローザに一エーカーを与えて解決を図ろうとする妥協策も、母親が急にローザに対する態度を硬化させて、有史以来女性による土地相続の例はないし、ローザも例外たり得ないと主張したので、潰えてしまった。結局、ローザによる兄レモンの若者小屋建設に対する妨害を禁じて閉廷となった。

　ローザは改悛の情を示すどころか、これから邪術者として悪名高い予言者に会いに行くが、やがて誰もが自分の側に付くだろうよと広言した。つまり、兄と母が近々死に、自分が父親の土地の全てを掌中に収めると、豪胆にも示唆したのだ。彼女は、すぐに村から出奔して、その後二か月間帰宅しなかった。人々は心底驚いて、敢えて手段を選ばない危険な女だ、「特別の恩典」を無にした馬鹿者だと囁き合った。ローザは、二〇〇七年三月に村に舞い戻って来ると、今度は自ら村の裁判の継続を求めた。

　ローザは、その二度目の村の裁判で、父親が約束の証に譲ったというＩＤカードを新たな証拠として示し、自分が要求する土地の取り分を九エーカーに増やした。しかも、もし拒めば兄が酷い報いを見るのみならず「共謀者（つまり村の長老）たち」もその「結果」を共にすると、予言者の邪術に頼った神秘的な攻撃を仄めかして脅迫した。長老たちは、「お前が高学歴でも、最後に有罪判決を下すのは我々だ」と応じた。ローザは、そのまま再び出奔したが、翌二〇〇八年、ローザがずっと未婚でいる積もりなら一～二エーカー与えると遺言して、母親が亡くなった。そのさらに一年後、ついに前代未聞、「驚天動地」の社会劇がいよいよ幕を開けた。

　二〇〇九年二月、ＮＤマーケットの屯所からやって来た警官の一隊が突然「ローザの土地」の強制収容に着手した。人々に示された行政首長の手紙は、恐れて、誰も内容を細かく確認しようとしなかった。長老たちは、①レモンは大人し過ぎて最初に妹を打ち懲らすことをせず、その結果、全てを失った、②罪を犯したローザの死は遠くない、③前代未聞の女性の反逆だが、女性は村の裁判に挑めない、と言い合った。一方、若い男性たちは、①レモンは法廷裁判に訴えよ、②費用の一〇万シリングは土地を一エーカー売って作れ、③事は即座に、しかも内密に運べ、とレモンに忠告し、彼はそれを実行した。県都ボメットの地裁での第一回（二〇〇九年四月）・第二回（同年五月）の公判のどちらにも、被告となったローザは出廷せず、その結果、原告の全面勝訴の判決が下った。その後、ローザは駆け落ちして村からすっかり姿を消して了った。

この事件は、平等な相続権を掲げた一女性の歴史的な叛乱として、人々の記憶に今も新しい。男たちの間に、次のような区々な声が聞かれた。①もしローザが出廷していれば、証拠の如何に拘らず微妙な雲行きになっただろう、②彼女の怖じ気と短気が敗因だった、③女性たちがローザの轍を踏めば、男性が将来負けるかも知れない、④しかし、もし今女性との戦いに怯んでしまえば全てを失うことになる。

八　法環境の弛緩状態と今後

ローザ事件が一応の決着を見た一年余り後に二〇一〇年新憲法が公布され、性と婚姻上の地位を問わず、子供たちに平等な相続権が認められた。だが、ボメット県では相続権に関する空気に特段の変化は見られない。ローザが反面教師となったのか、娘たちは兄弟たちとの関係維持に、実に慎重な意を用いている。(8)

他方、レモンが突如窮地に陥り、それを脱するために一エーカーの土地を売却せざるを得ず、その土地が未婚の姉妹の取り分に丁度相当するものだったという重い事実が、男たちを現実的にし、分別ある妥協の意味を学ばせたようだ。

ローザ事件の進行とほぼ平行する時期に、KM村のビセ・マイナが、未婚のまま六人の子供を産んだ長女フィリスタ（当時四十四歳）に自分の二六エーカーの土地から一エーカーを与えると公言した。フィリスタは、この土地を父親のみならず、彼の決断を受け入れた兄弟二人の愛情の印だとして感謝している。彼女はNDマーケットにあるPTA連合地区事務所の事務員の職を得ているので、自立している。だから、この前倒しの遺贈は優遇だと認め、「身を置く拠点が提供されれば、父と兄弟が与えるどんな取り分も甘受する」と、自制的に述べている。そして、彼女は、「全てを望む者は一切を失う」という諺を引いて、ローザを批判した。ビセは、娘を道端に追い出す愚は犯さず、生活の資を手に入れる努力に小さな足場を与えてやるべきだという信念を持つ。また、息子が実質的に全財産を父親から譲られるのだから、ローザの父親ゼインは娘の身の上を思い、遺言でレモンがローザに一定の土地を与えるように明確に指示しておくべきだったのだ、と述べている《事例9》。

二〇一一年にKy大学を卒業したCL村のビビアン・ゴスケ（当時二十九歳）は、女性の相続を歓迎しない社会で兄弟と土地を分け合うのは苦痛だから権利を放棄して、万一結婚しなくても、自分の財産は自分の力で稼いでみせると言う。D大学卒業後Kt村で小学校教諭を務めているアグネスも、同じ意見だ。彼女たちのようなエリートでなくても、多くの若い女性がこの意見に共感を示している。そればかりか、単身の未婚女性の息子たちにも、例えば次の《事例10》のように往々同様の主張に敢えて与する逞しい気概が見られる。

NG村のチェボスの娘ルシアは、一九八〇年に婚出したが、一九八二年、婚家を追われて実家に戻った。彼女は、両家を幾度も行き来した挙げ句、二〇〇〇年頃、ついに夫婦和解の可能性が失せたと見極め、父親に縋って一エーカーの土地を貰ってそこに腰を据える覚悟をした。ところが、彼女の息子たちが、母方の土地に居座るのは恥だと諫め、ついに思い止まらせた。息子たちの一人ウィリアムは、中学校を二年で中退した後、鶏の小商人から身を起こし、次に牛仲買人に転じて小金を溜めた。そして、二〇〇八年に、ついに一エーカーの土地を購入した《事例10》。

この《事例10》や《事例5》にも窺えるように、未婚の母とその子供たちは、マーケットの縁辺部の長屋に間借りして野菜・果物、家禽・小家畜、日曜雑貨等の小商人となって力行し、自活の道を確保するのが常である。二〇〇九年七月、NDマーケットでは売春婦を含む女性小商人と牛仲買人が手を組み、行政首長とも通じ合って、二十四年間もマーケットの運営を担ってきた老議長を選挙で打ち敗る「クーデター」をやってのけた（小馬　二〇一〇：一二六―一三二）。未婚の母たちは、一部は村からこうした公共の場へと、生活を賭けた戦いの舞台を転じていると言えよう。

おわりに

以上、ここ十年前後、相続をめぐる「慣習法」が大きく変容を迫られてきた事情を具体的に素描してきた。一九八一年に相続権法条例が発効し、二〇一〇年には待望久しい新憲法が公布された。とはいえ、民族の「慣習法」の力は今も中々に根強く、一朝一夕に劇的な変革が起きるとは思えない。貧しく、教育にも恵まれていない庶民である未婚の母たちにとって、「ロノ対ロノ」訴訟（本章第五節参照）のように、現代の巨大な識字的な制度であり、また途方もない時間と費用と労力を要する法廷闘争に訴えようとすることは、ほとんど夢想だにできないだろう。また、彼女たちにとっては、ローザのように、自立した個人としての女性として自画像を描くことも決して現実的とは言えまい。いまだに、近代の国家のような安定した福祉のネットワークが存在しないのだから、親の死後も続く兄弟たちとの縁を敢えて断ち切ってまで孤立することは必ずしも賢明ではあり得ないことを、彼女たち自身が誰よりも知悉しているからである。

とは言え、キプシギス民族の法環境は、現在一種の大きな弛緩状態にある。二〇一〇年新憲法の公布は、或る意味ではそれに一層の拍車を掛けたとも言える。

本章は、諸々の判例や事例を記述・分析しながら、それらの背景にある種々の個別的で具体的な事情の解明に努めた。その過程で言及し、検討した諸々の新たな動きの中に、未婚の母が自立できる生活基盤を現実的に確保するための手だての構築に向けて、徐々にではあれ家庭的、社会的な合意が形成されつつある兆しを見出せることは間違いあるまい。キプシギスの伝統的な父系社会の枠組みが、女性たち、就中、未婚の母とその子供たちによって、今確かに組み換えられようとしている。

《注》

（1）①十代半ばから後半の未婚の娘の妊娠が少しも珍しくなくなったことや、②若い世代の複婚率が急激に低下したこと等が、主因である。ここではそれらに詳しく触れられないが、本書第三章第二節を参照して欲しい。

（2）因みに、キプシギス民族の人口爆発は、一九四八年の国勢調査では一五万七二一一だった人口が二〇〇九年には約一九七万二〇〇〇に達するという、実に激しいものである。元来牛牧の民だったキプシギス人は、かつて広大な放牧地を総有していたのだが、単純に計算すれば、約六十年間の内に一人当たりの土地が約一二・五分の一に減ったことになる。

（3）それを正確に把握するためには、大雑把に言っても、ケニアの成文法、旧宗主国英国から招来された成文法、英国のコモン・ロー、衡平法、それにケニア各民族の慣習法が考慮されなければならない。

（4）同論文は、丹念に経過を追い、審理に援用された法理にも鋭く肉薄しながら、この裁判のもたらし得る様々な影響を多面的に、且つ説得的に分析している。

（5）ただし、これは二〇一〇年に新憲法が公布されるまでの事情である。よって最高裁が設置された。

（6）この事実、即ち「家財産制」は、キプシギスを初め、他のカレンジン群諸民族にも等しく当てはまる。一方、ナムブイェ判事によるケイヨ民族とマラクウェット民族の同一視を控訴院は注視している。

（7）息子たちには、三人分の九〇エーカーの他に、二エーカーが付加された。

（8）こうした事情は、第二次世界大戦敗戦後、日本国憲法が施行された後も、農村部では娘に相続権の放棄を迫ることが相当長い期間当然視されていたことを想起すれば、類推的にそれなりの合点がいくはずだ。

《参考文献》

Cohen, D. W. and Odhiambo, E. S. A.（eds.）（1992）*Buring SM — The Politics of Knowledge and the Sociology of Power in Africa*, Nairobi: East African Educational Publishers, London: James Currey, Portmouth, NH: Heinemann.

Cotran, Eugene（1968）*Restatement of African Law: Kenya, Volume I: The Law of Marriage and Divorce*, London: Sweet and Maxwell.

Cotran, Eugene（1969）*Restatement of African Law: Kenya, Volume II: The Law of Succession*, London: Sweet and Maxwell.

Cotran, Eugene（ed.）（1987）*Casebook on Kenya Customary Law*, Abingdon, Oxon: Professional Books, Nairobi: Nairobi

University Press.
Egan, Sean (ed.) (1987) *S.M. Otieno: Kenya's Unique Burial Saga.* Nairobi: Nation Newspapers.
Kenya Law Reports (2008) Rono vs Rono & another, Civil Appeal No 66 of 2002. Delivered on April 29, 2005 at Court of Appeal at Eldoret. 1 Kenya Law Reports (Geder & Family): 803-817. Family Law Online Portal, Kenya Law Reports. 〈http://www.kenyalaw.org/family/〉 Downloaded 24 Oct. 2013.
Mwaura, Peter (2007) "Why Married Daughters Hardly Inherit Family Wealth." *Saturday Nation*, 1st September.
Ojwang, J.B. and J.N.K. Mungambi (eds.) (1989) *S.M. Otieno Case: Deaeh and Burial in Modern Kenya*, Nairobi: Nairobi University Press.
小馬　徹（一九九六）「父系の逆説と『女の知恵』としての私的領域——キプシギスの『家財産制』と近代化」和田正平（編）『アフリカ女性の民族誌——伝統と近代のはざまで』明石書店、二八一—三三二頁。
小馬　徹（二〇〇〇）「キプシギスの女性自助組合運動と女性婚——文化人類学は開発研究に資することができるのか」青柳まちこ（編）『開発の文化人類学』古今書院、一六一—一八二頁。
小馬　徹（二〇〇五）「小さな田舎町という場の論理から見た国家と民族——キプシギス社会の事例から」松園万亀雄（編）『東アフリカにおけるグローバル化過程と国民形成に関する地域民族誌的研究』国立民族学博物館、三九—五八頁。
小馬　徹（二〇〇七）「タプタニがやって来る——女性同士の結婚の『夫』というやもめ」椎野若菜（編）『やもめぐらし——寡婦の文化人類学』明石書店、九四—一一九頁。
小馬　徹（二〇一〇）「キプシギスの共同体と2つの『エクリチュール』」小田亮（編）『グローカリゼーションと共同性』成城大学民族学研究所グローカル研究センター、九九—一四五頁。
小馬　徹（二〇一八）「キプシギス人の『ナショナリズム発見』——ケニア新憲法と自生的ステート＝ナショナリズムの創造」永野善子（編）『帝国とナショナリズムの言説空間——国際比較と相互連携』御茶の水書房、二〇四—二三五頁（印刷中）。
松園万亀雄（一九八三）「ケニアの法体系とグシイ族の離婚裁判（一九五〇年代）」『民族学研究』第四八巻第二号、一九九—二一〇頁。
松園万亀雄（一九九二）「S・M・オティエノ事件——ケニアにおける法の抵触をめぐって」『現代法社会学の諸問題』〔下〕民事法研究会、五四三—五五六頁。

第七章　アフリカとＬＧＢＴと婚姻制度の行方

はじめに

ナイジェリアやウガンダの反同性愛法制定の動きをめぐって、二〇一七年初めから暫くの間、欧米諸国とアフリカ諸国との間で確執が先鋭化し、特に、従来強い同盟関係で結ばれてきた米国とウガンダの唐突な正面衝突に世界の目が集中した。ところが、その後、エボラ出血熱流行の急激な拡大等の陰に隠れるようにして何時の間にか曖昧な決着が図られ、事態は一応平静を取り戻したかのように見える。しかしこの問題には、安易に一件落着として済ませずに、じっくり腰を据えて考えてみるべき、原理的で、且つ人類史的な意味をもつ側面があると言える。

厄介なのは、アフリカ諸国の人々が、欧米諸国との相互関係に組み込まれた著しく非対称的な権力関係に纏わる全般的な比較劣位のゆえに、力づくで抑え込まれたと感じて、苛立ちと反発を露にしていることだ。ＬＧＢＴ(1)（レズビアン、ゲイ、バイセクシャル、トランスセクシャル）の人々を遮二無二差別し、断罪して非人間的な厳罰を課す、「例の野蛮な国々」。ウガンダを初め、今般アフリカ諸国が結局纏わされることになったのが、なにしろ、欧米諸国の見方に一方的に偏したこのようなステレオタイプ化されたイメージだったのである。しかし、アフリカもウガンダも、決して一枚岩とは言えない。

そうであれば、国際社会がアフリカの声をこんな形で一蹴してしまっても構わないものだろうか。その声の内には、冷静に思慮してみるべき真率な内容が少しも含まれていないのだろうか。

東アフリカをフィールドとして三十数年間調査・研究してきた人類学徒である筆者が、今ここで誤解を恐れずに敢えて負うべき使命は、権力性を孕む「非対称性の闇」からアフリカの人々の肉声を先ず救い出して、些かでもアフリカと外部世界の間の均衡と対話の回復に努めることであろう。そしてその次には、人類の未来を左右する普遍的な問題であり、しかも或る意味では喫緊の課題でもあるこの問題に冷静な視線を向けるべく、一石を投じることだと思う。そうすれば、アフリカの穏健で理性的な多数の庶民の声を生かすことができるだろう。

一　反同性愛法をめぐる「文明」と「未開」の衝突?

一九九〇年代劈頭、冷戦の終焉によって、アフリカ諸国は長く維持してきた東西両陣営の戦略的なパートナーとしての利用価値（漁夫の利）を俄に、しかもほぼ丸ごと失ってしまった。筆者の偽りのない感懐を吐露すれば、アフリカはそれ以来欧米諸国、ことに米国から再び久しく忘れ去られてしまい、ごく最近まで、実質上ほぼ放置されるに等しい扱いに甘んじてきた。

独立以来のアフリカ諸国の現代史を交々に彩るのは、何とも拙劣な統治、根深い腐敗構造の温存、絶え間ない民族紛争の反復等々、幾重にも厚く塗り重ねられた負のイメージだった。事実、西欧諸国や世銀・

ＩＭＦ等の国際機関が開発援助供与の前提条件として執拗にアフリカ諸国に強要してきた構造調整も、複数政党制の復活や導入による政治の自由化も、余りに高飛車に過ぎてアフリカの実情との乖離が甚だしく、必ずしも実功性をもたなかった。

後者の場合、曲形にも安定していた国家としての基盤を脅かして、植民地支配以来、数十、数百の小さな民族社会を一括した巨大なパイとして現前することになった国家財政へのアクセスを巡る熾烈な民族間闘争を新たに導き出すという、皮肉な事態を招いた一面すら見られた。その結果、幾年かごとに定期的に反復される各国の国政選挙は、国家の枠組みを即座に根幹から揺さぶって動揺・混乱させ、若い「国民国家」を度々崩壊の瀬戸際に立たせてさえきた。こう述べる時、例えば、近年の南スーダンやケニアの事例が直ぐに脳裏に蘇ってくるはずだ。

先進諸国や国際機関の積年の強硬な介入にも拘らず、相変わらずアフリカには希望が一向に見えてこない——実はつい最近その状況が一変しつつあるのだが（後述）。欧米側の重い徒労感を伴う、そうした諦めにも似た想いが、その「忘却」の原因だったと言える。

1　世界史の表舞台に再登場したアフリカ

だが、その後の予想を遥かに上回る近年の急激なグローバリゼーションの進展が、中印を旗頭とするＢＲＩＣＳ諸国の台頭と米国を初めとする先進諸国の相対的な地位の低下を招き、それと共に——逆説的な形ではあれ——アフリカをもう一度現代史の表舞台に慌ただしく舞い戻らせた感がある。

先般のエボラ出血熱の流行の初期段階で、欧米先進諸国は、それを当該の西アフリカ（ギニア、リベリア、シェラレオネ、ナイジェリア）諸国内に封じ込める努力に積極的に関与することに二の足を踏んだ。その結果、（ナイジェリアを例外として）病勢は間もなく騎虎の勢いを得た。そして幾何級数的な爆発の閾値を超え、驚くべき速度で罹患者が一万五〇〇〇人、死亡者が五〇〇〇人に達して、パンデミック化の瀬戸際にまで迫った。何といっても、その人類共通の切迫した脅威に対する全世界の強い恐怖感と危機感の俄かな高まりこそが、アフリカの「再登場」を導いた最たる要因であった。

ただし、今や「独自性」を正負綯い交ぜて発揮し始めたアフリカ大陸の世界に対する「脅威」は、決してそれだけに尽きない。内戦に近い「二〇〇七—〇八年総選挙後暴動」の責任（の一端）を問われたケニア大統領ウフル・ケニヤッタが、二〇一五年十月初め、国際刑事裁判所（ＩＣＣ：International Criminal Court）への出頭命令を受けた国家元首（全員がアフリカ人だ！）の中でも初めて出廷の決意を固めると、一〇を超えるアフリカの国々の元首が、自ら進んでハーグへ同道しようと、即座に挙って声明を発した。彼らは、欧米の「偏見」と「独善」に対して敢然と異議を申し立てる意図を俄に露にし、真正面から四つに組もうとする姿勢を強烈に示したのだ。

しかも、西欧文明の現代的な成果を一顧だにせず、イスラーム独自の原理・原則の貫徹を理念として掲げる「イスラーム国」が樹立されたのは、地理的にもアフリカ大陸と目と鼻の先にあり、宗教的にはアフリカ大陸と「地続き」の中東の地であった。くわえて、あたかも「イスラーム国」と東西相呼応するかのごとく、ボコ・ハラム（ハウサ語で「西欧流の教育は罪悪」の意味）と俗称されるジハード主義の武装過激集団が、北部ナイジェリアを中心に神出鬼没の跳梁を繰り返し、暗躍し続けている。彼らの問答無用の暴威が激しい戦慄を呼び起こし、当時、「アフリカ大乱」の予感さえも語られ始めていた。

アフリカ大陸から相次いで湧き上がって止まないこれら数々の難題が、漸く世界の人々の目を日々アフリカに向けさせ、釘付けにしたのだ。そして、まさにその内の一つの深刻な大問題が、(冒頭で触れた)ナイジェリアやウガンダを代表とするアフリカ諸国と欧米諸国との間の、反同性愛法をめぐる激しい軋轢と深刻で厄介な悶着なのであった。

ところがこの問題は、エボラ出血熱等、全世界が一致して即全力で解決するべきアフリカ発の他の脅威の甚大さに圧倒されてか、何時の間にか掻き消されてしまい、(少なくともわが国では)半ば忘れられることになったと思える。これが果して真の解決と言えるのだろうか。ここにこそ本章が取り上げようとする課題の所在がある。

2 EUとロシアの対決

この課題の具体的な検討に先立って、ウガンダの反同性愛法制定が俄然世界的な脚光を浴びるに至る、一連の経過を簡単に眺めておけば、ロシアと欧米諸国の間の同根・同形の対立がナイジェリア経由でウガンダに飛び火した、という基本構図を描けよう。

二〇一三年六月末、ロシア大統領プーチンが、同性愛の拡大を犯罪視する、同性愛宣伝禁止法を成立させた。同法は、未成年者(十八歳以下)に対して同性愛を教唆・宣伝することを厳しく禁じるものだ。そして間もなく、同性愛者の法的権利のあり方を問うドキュメンタリー映画をロシア国内で撮影していたオランダ人四人のクルーが、ムルマンスクで同法違反の嫌疑を受けて身柄を拘束され、三年間の入国禁止を命じられる事件が起きた。さらにロシアは、同年七月初めには、外国人の同性愛カップルによるロシア人の子供の養取を非合法化した。プーチン大統領のこれら一連の政策の狙いは、保守層やロシア正教会の政治的な支持を獲得することにあったとされている。

ロシアのこうした強硬姿勢に反発して、ＬＧＢＴの人権擁護に努める欧米の団体や政治家は、ロシアのソチ冬季五輪競技大会（二〇一四年二月開催）をボイコットするように各国に挙って呼びかけ、大々的なロビー活動も展開した。それが功を奏して、オバマ米大統領、オランド仏大統領、ガウク独大統領、ポーランドのトゥスク首相等、欧米主要国の幾人もの首脳たちが、（正式にはＩＯＣの招待による）同五輪競技大会開会式への出席を拒んで抗議の意を表し、欧米におけるロシアに対する反感の高まりを全世界に強く印象付けた。

一方、ロシアの女子棒高跳び競技の英雄イシンバエワは、スウェーデンの二人の女性選手が虹色に塗ったネイル（同性愛の象徴）で五輪競技に出場すると、（同法を制定した）主催国ロシアに対する非礼な所業だとそれを厳しく非難し、さらに異性愛こそが正常なのだとコメントして、一躍話題を攫った。

他方、同性婚を最初に合法化（二〇〇一年）した国であり、ＬＧＢＴに対して最も寛容な国の一つとして知られるオランダは、この事態を受けて素早く反撃した。二〇一三年一一月初旬、ロシアのＬＧＢＴの人々の政治亡命を受け容れる用意があると宣言したのである。

ロシアと欧米諸国とのこうした激越な角突き合いは、二〇一四年二月一八日、ウクライナ警察が反体制派市民と武力衝突して、警察官一三人を含む、少なくとも八二人の死者と一一〇〇人以上の負傷者を出した内乱や、同年三月一八日のロシアによるクリミアの一方的な併合とそれに続くロシア＝ウクライナ間の激しい領土紛争の呼び水になった印象さえも与えた。

3　ロシアからウガンダへの飛び火

反同性愛法制定では、ロシアと並んで、ナイジェリアが注視の的になった。ナイジェリア大統領ジョナサンは、二〇一四年一月七日、既に二〇一一年一一月末に下院を、二〇一三年五月には上院を通過していた反ＬＧＢＴ法案に署名し、施行に踏み切った。同法は、違反者を最長十四年の実刑に処すのみならず、ＬＧＢＴの諸権利の擁護者にも最長十年の実刑を課す規定をもつ。

しかしその後、ナイジェリアの後を追って過激な法案を成立させようとしたウガンダに、世界の関心の的が速やかに移った。と言うのも、二〇一四年二月二四日、ウガンダ大統領ムセベニが、各国の抗議の高まる最中、既に二〇一三年十二月に国会を通過していた反同性愛法案に急遽署名したからである。こうして二〇一四年三月一〇日に施行された同法は、同性愛者を最長十四年間の禁固刑か無期懲役刑に処すのみならず、ＬＧＢＴの支援者にも禁固刑を適用する内容の厳しい罰則規定を有するものだった――なお、国会議員が最初に提出した元々の法案はさらに苛酷で、死刑の適用を嘔っていた。

しかも、この頃、ウクライナを巡るロシアと欧米の対決の焦点は武力的な領土紛争にまでエスカレートしており、その煽りを食らって、欧米の対ロシア関係では、同性愛宣伝禁止法の問題は既に後景に退いてしまっていた。かくして、反同性愛法をめぐる熾烈な国際対立の焦点が一気にウガンダに移し変えられ、ウガンダが欧米諸国からの激しい非難の矢面に突然立たされた趣があった。

その後ウガンダでは、ＬＧＢＴの人々がおおっぴらに様々な迫害の危険に曝されてしまい、住む場所を失ったり、国外に逃亡したりする結果にもなった。さらに、或る人々は医療サーヴィスの機会を奪われ、またＨＩＶ患者が必要な医療情報を得られない等の、深刻な結果が生まれた。こうして、元々あった偏見と差別が格段に深刻化するという、最悪の事態を呼び寄せてしまったのである。

ムセベニ大統領の決断は、欧米諸国から彼の予想以上の手厳しい反撃を一斉に呼び込んだ。ウガンダは、米国の東アフリカでの最重要の同盟国の一つなのだが、オバマ大統領は、ウガンダ政府関係諸機関への各種資金援助の打ち切りと軍の合同演習中止、ならびに同性愛に不寛容な一部のウガンダ人の米国入国拒否という、極めて強い制裁措置を採ると断言した。また、オランダやデンマークも、速やかにウガンダ支援の停止に踏み切る。ただしスウェーデンは、強い非難の姿勢を示す一方で、ＬＧＢＴの擁護と啓発活動に取り組むウガンダ国内の諸団体への資金援助は継続する旨、声明を発した。

ところが、容易に妥協点を見出せない膠着状態は、唐突にも、思い掛けない形で破られることになった。同年八月一日、ウガンダの憲法裁判所が、問題の反同性愛法は無効だと宣言したのだ。その根拠は、同法案を採択した国会が定足数を満たしておらず、それゆえ同法の施行は憲法の規定に違反しているという、純粋に技術的な一点にあった。幸か不幸か、進退谷まって立ち往生していたムセベニ大統領は、この手続き論的な判決によって、やっとどうにか落とし所を得た形になったのである。

4　オバマの歩み寄り

前節で見た事態のいかにも劇的な急転回は、米国とウガンダが、この間の社会的混乱と同盟関係破綻の危険状態をひとまず乗り切ろうと、水面下で交渉を慌ただしく続けていたであろうことを推測させるに十分である。

と言うのも、ウガンダ憲法裁判所の判決が出た日の僅か三日後に当たる同年八月四日からの三日間の日程で、テキサス州ヒューストンを舞台に、米国・アフリカ首脳会議が急遽開催されたからである。しかも、招待されて米国に赴いた五〇人程のアフリカの首脳たちの中には、ケニア大統領ケニヤッタ、さらにムセベニ大統領とジョンソン大統領（ナイジェリア）の顔もあったのだ。

近年類例を見ないこの米阿首脳会議では、民主主義、教育、健康管理、食の安全、（経済的に有望な）アフリカ諸国への投資という基礎的課題のみならず、気候問題や野性動物の密売阻止も議題として取り上げられた。無論、エボラ出血熱対策やリビアと中央アフリカ共和国の内戦への対応策という喫緊の課題も、長年の懸案事項と並んで論じられた。こうした各種議題山盛りの日程のゆえに、議論は総花的で、何らかの明快なメッセージを発信するには至らなかった。けれども、米国がアフリカに関与しようとする強い意欲を持っていることを、この機会に筋書き通りに世界に明示できた。この事実それ自体が、オバマにはそれなりの成果だったのである。

米国は、長らくアフリカを軽視し続けてきたが、その付けが回ってライバルに先を越されてしまったと、遅まきながら気付いたのだ。当時、中国のアフリカ諸国との間の年間貿易額は約二〇〇〇億ドルで、実に米国の二倍に昇った。そして、経済成長が最も著しい世界の一〇か国の内八か国が、また同二〇か国中一〇か国がアフリカ諸国であった。この事実の重要性をやっと直視せざるを得なくなった米国が、LGBT問題の火中で、思いがけず容易にたじろがないアフリカ側の強硬な反撃に出合って俄に舵を切り換え、アフリカ大陸での政治的影響力と経済権益の確保を図ったのだ。恐らく、そう見て誤らない。

他方アフリカの首脳たちは、ついこの間まで米国に見限られてきた事実を噛みしめて反芻しつつ、米国がこのサミットで何を公約するのか、じっと注視していた。彼らは、歴史上初めて、強い立場で新しくワシントンに対したのだが、一方では米国による投資と支援の現実的な必要性も認識していた。それでも彼らは、米国に是が非でも援助を乞うという、従来の卑屈な米国追従の姿勢を今回は決して見せなかった。この歴史的な事実は大きく、特記するに値する。

この画期的とも言える変化の背景をなす重大な要因の一つは、現今アフリカ大陸でも圧倒的な存在感をもつ中国の巨大な影である。中国は、アフリカ諸国に対する露骨な内政干渉を極力控え、むしろ現実的に経済関係を政治関係に優先させてきた。欧米の援助政策の基礎には、民主主義が確立されてこそ（欧米のような）経済成長が可能になるという図式的な前提が、歴史的に一貫して存在している。（その一端は、前述した構造調整時代の政策にはっきりと現れていた）。

ところが中国は、自らその欧米型発展モデルの偉大な反証ともなる歴史的な大成功を収めたのみならず、近年、幾つものアフリカ諸国に破格の経済援助を実施して交通網等のインフラを一変させ、独立以来の長い長い経済的な停滞から確実に離陸させつつある。「民主主義あってこその経済成長」という西欧の固定観念とも偏見ともいえる理念を、アフリカ諸国の目にも鮮やかな成功の現実によって撃ち返し、「経済成長あってこその民主主義」という、中国＝アフリカ型の現実路線への転換を、いわば全アフリカ的なスケールで断固押し進めている。ここにおいて、アフリカ諸国の欧米を見る目は、（中国を見る目と共起的に、且つそれと相関して）大きく様変わりしている。つまり今、アフリカ諸国は欧米との間の一層均衡のとれた関係を、一致団結して現実化させようとしているのである。

オバマは、前任者のジョージ・ブッシュが（米国の保守勢力を代表して）ＨＩＶ撲滅運動の形で反同性愛政策を押し進めたのとは対極的に、ＬＧＢＴの諸権利の伝道師として全世界に向き合う選択をした。そして、苛酷な反同性愛法制定に踏み切ったウガンダ（が代表するアフリカ諸国）に対しては、一旦、即座に制裁を課す政策を断行した。

しかし現実には、その独善的で強圧的な処断は、ウガンダ国内の同性愛者の救済に繋がるどころか、むしろ激しい反発から一層の窮状を招くことになった。そしてオバマは、否応なく、アフリカとの関係の現今の新たな（しかも不都合な）現実を学ばなければならなかったのである。それが、突然の大がかりな「手打ち」のための儀式開催に打って出た直接の要因だっただろう。

畢竟、政治とは――実はオバマが最も苦手とする――現実的な「妥協の芸術」なのだから、その政治が最後の局面で機能した今回の成り行きは、それなりに悪くはない。ただし、今回アフリカと欧米の間で戦わされた議論には、政治的に「痛み分け」の決着を図って目を瞑ってしまうべきではない、本質的な主題が含まれている。一文化人類学徒の目からすれば、その深遠な主題にもう一歩踏み込んで原理的に省察するべき恰好の機会をあたら失って了うのは、実に惜しい。そこで意を決して、次節では、訥々と語り出し、その果敢な検討の試みに些かの先鞭をつけてみたい。

二　性と結婚と人類の未来

二〇一四年の夏、ケニア内陸部に位置する長年のフィールドに一か月程いた。幸いだったのは、上記の問題について田舎の穏健なインテリたちの声を直に親しく聞け、腹蔵なくゆっくりと議論できたことである。当時、政治家たちが、ＬＧＢＴは反アフリカ的だと言い立てていた。これに対して、田舎のインテリたちは、ＬＧＢＴには一般に比較的寛容な姿勢を示したものの、「同性婚は人類の（緩慢な）死だ」と率直に、そしてキッパリと言い切った。

１　ＬＧＢＴは反アフリカ的か

ＬＧＢＴは欧米に由来のものであって反アフリカ的だとは、ケニアに限らず、政治家たちがアフリカ諸国で先頭に立って鼓吹している見解である。この件について、事の黒白は、歴史に徴すれば比較的容易に明らかになるように思う。いや、既にほぼ決着がついていると言ってよいのではあるまいか。

従来アフリカの「国民国家」のほとんどが、同性愛（主にゲイ）を犯罪と見做して処罰対象にしている。しかし、それらの国々は、各々が独自の自律的な思想と価値基準によってそうした法律を積極的に制定したのでは必ずしもなかった。それらの法律は、いずれも旧宗主国の植民地法を独立後もそのまま温存するか、またはその内容をさらに強化したものなのだ。（大英帝国の手で植民地化された）現在の英連邦構成国の五〇余か国に当たる当時の植民地で、そうした法律が他律的に施行され、今も四〇か国余りでそれが維持されている。しかも、そうした国々の多くが、実にアフリカ諸国なのである。

ところが、植民地化以前、アフリカの少なからぬ諸民族は同性愛に対して概して比較的寛容だったとさえ言える。というのも、同性愛的な事象も日常生活の万端と軌を一にして、例えば儀礼、信仰、戦争と軍事組織等、他の諸々の事象や制度と互いに不可分に織り合わせられ、複雑に絡み合わせられつつ社会や文化の多彩な脈絡の中に埋め込まれていたからである。

欧州の諸キリスト教国のアフリカ植民地政府は、アフリカの随所で同性愛への寛容さが見られる事実に気付いた。そして、この点に自他の差異を見出し、「文明／野蛮（未開）」を差異化するのに相応しい恰好の構図を導き出した。それを基に「自／他」ないしは「我々／彼等」の対比を析出させることが、植民地経営には実に好都合だったのだ。つまり、劣った「彼等」を対象化し、措定することで初めて「我々」の内包の決定が可能になった。そして、野蛮な「彼等」を開化させる高貴な「文明化の重荷」を神から与えられた「我々」が行う植民地経営を、自らの使命と見て合理化することが、巧妙にも可能になったのである。このように、ここに、オリエンタリズムに通有の心性の絡繰りが典型的に垣間見えるのである。

実は、或る問題に関係する眼前の複雑な社会的事情の多くを遮断して脱脈絡化し、争点をできるだけ狭く限定するという、（ユーラシアでは古くから馴染みの）書かれた法の概念と機能自体が、（アフリカ大陸の北と西に成立したイスラーム諸国を別にすれば）アフリカのそれぞれの民族にも、また各々の「国家」にも、元来は無縁のものであった[2]。

慣習「法」という仮説が（理論的には）それなりに可能でも、慣習「法」は多元的な社会的脈絡の中に具体的に深く埋め込まれていて、明確に固定的な基準を持たず、絶えず現実の変化と個別の人間関係の特殊性に即応しながら関係者の皆がそれなりの仕方で納得できる妥協を粘り強く導く「和解の技法」、即ち一種の政治的な技術と見るのがより正確で、実際に近いだろう。

旧英領アフリカ諸国で今日見られる反同性愛法には、ほぼ共通して「自然の摂理に反する」云々の表現が見られる。ここで慣習「法」を巡る現今の状況に触れておくと、一例として、ケニアでは民法事案相当の諸係争は慣習「法」に基づく伝統的な村の「裁判」（寄合）で最初に審理され、もし不服があれば国家の下級地裁に再審を請求することができることになっている。ただし、（植民地時代と全く同じく）慣習法が適用可能なのは、その事案の性質が「正義と道徳に反しない」限りだと、複数の法律が相互に抵触し合った場合の優先順位を規定した「裁判審理法」第三条第一項によって、明確に規定されている（本書第六章第四節参照）。

先の国会議員たちに代表される現代アフリカのかなり多くの人々が、同性愛を「反アフリカ的」だと感じ、また主張して疑わない理由が、ここに既に明らかになっていると言える。この場合、法の基底に位置付けられている「自然」「正義」「道徳」とは、旧宗主国由来のものであり、アフリカでは新規の概念だった。今のアフリカ諸国の国会議員たちの価値観は、同性愛を犯罪として取り締まる植民地法の規定や、それと相呼応する十九世紀のキリスト教宣教師団のヴィクトリア朝的な倫理観が長い植民地時代に幾世代も繰り返し刷り込まれ、身体化され、いわば感性にまで透徹したその結果として形成されたものなのである。そして、多くのアフリカ諸国は、独立後も当該の植民地法を温存するのみならず、さらにその一部分を強化さえしてきたのだった。

だが、幾多の植民地が一斉に独立を果たした「アフリカの年」（一九六〇年）からでさえも、もう既に半世紀以上の年月が経ってしまった。そうであればなおのこと、「同性愛は反アフリカ的」な現象だと今主張する場合、その具体的な根拠のみならず、その発言の今日的な妥当性を歴史的な文脈でも問われることにもなる。

すると、問題は、彼等国会議員たちの代表性の当否にある。彼らは、独立後も植民地的権力構造を担保する目的で、植民地時代末期に宗主国の価値意識を叩き込んで養成された現地人エリートの生き残りや、その心性を世代を超えて階層的に受け継ぐ者たち、つまりネオコロニアリズムの体現者である事実が浮上してくるのである。

2　アフリカは変われないのか?

事実、一方では(旧英領ではないが)そうした植民地的な心性をきれいさっぱり清算したアフリカの国がある。それは、人類史上類例のない徹底した全面的人種隔離政策だったアパルトヘイトの廃絶を、法的には一九九一年、実質的には一九九四年に長年の苦闘の末に漸く達成した、南アフリカ共和国である。南アは、その苦しい経験に鑑みて、あらゆる類の差別を徹底的に排除しようと努めてきた。こうして同性愛に対する差別も法によって全面的に禁止し、同性間の性交渉を一九九四年、同性間の関係性の承認を一九九六年、同性カップルによる養取を二〇〇二年、同性婚を二〇〇六年に合法化した。

南アは、LGBTに対する拒否反応を露にしている他のほとんどのアフリカの諸国とは、この意味で全く異質で、この点ではラディカルな欧州の飛び地であるという感さえ抱かせる。この符合は決して偶然ではなく、南アと欧州が共に極めて苛酷な人種差別に苦しみぬいた経験をもつという、歴史的事実を背景としているからに違いない。

首都アムステルダムの一角にアンネ・フランクの隠れ家が現存することで知られるオランダは、二〇〇一年、同性婚を世界に先駆けて合法化した。一九九〇年代末、筆者が博物館となっているアンネの家を訪れた際、大きな一室で来館者たちの一人一人に同性愛者の権利を認めるかどうかと問い掛け、熱心に啓蒙しようと努めるボランティアたちに出会い、その(当時の私にとっては)意外な連想関係に驚き、圧倒されたのを思い出す。

北欧諸国を初めとする欧州諸国のＬＧＢＴへの寛容さも、オランダとほぼ通じ合う歴史的背景に由来する同質性をもつと言えよう。すなわち、ナチス・ドイツに支配された時代に、その差別が、単にユダヤ人に対するものには止まらず、あらゆる性的な差別への拡張とその合理化にも繋がり得ることを骨身に滲みて知った集合的な経験が、その背景であると見て誤るまい。

さて、南アフリカ共和国以外のアフリカ諸国でも、個人としてであれば、ＬＧＢＴに寛容な態度を示すアフリカの人々は決して少なくない。特に現代の小説や評論の分野では、ＬＧＢＴの諸権利を擁護する声は強く、表現の過激さでも人後に落ちない事実を書き記しておきたい[3]。

ただし、今ここで注目したいのは、それらの過激な現代小説の中の声高な訴えではない。むしろ、二十世紀アフリカ文学を代表する、古典的な作家の一人である、ナイジェリアのチヌア・アチェベの初期の作品、『もはや安楽なし』(*No Longer at Ease*, 1960)の何気ない細部に宿る声である。同作品に登場する謎めいた人物ジョセフ・オケケは、こう言うのだ。「もし将来、我々が皆文明化されたら、誰もが誰とでも結婚できるだろうよ」。

一九六〇年代までのアフリカの小説で取り扱われている愛は、ほぼ全て異性愛である。それは、植民地状況とその支配構造が残る独立直後のネオコロニアリズム状況の厳しい制約によるのだが、アチェベはふと口が滑ったという風情で、しかもどこか奇矯な人物として造形されているオケケに託して、(単に人種間・民族間の差別を超えた)ＬＧＢＴ的な性愛の自由にも併せて言及したのではなかったのだろうか。植民地時代の末期を振り返って、そう想像してみたくなる。

どの時代の何処の人であれ、何か酷く理不尽な差別にとことん苦しめられた経験が実際にあって、差別の非合理性をその根元に至るまで深く問い詰めざるを得なかったとしてみよう。するとその人物が、何であれ一切の差別を等しく憎み、それを乗り超えて徹底した自由の実現を夢見るのは、全く無理からぬ帰結である。「三百年の奴隷貿易」と「百年の植民地時代」を通じて、一貫して理不尽な差別と搾取と暴力によって虐げられ続けてきたアフリカの人々の心の片隅に、こうした感覚が何時しか自ずと住み着き、それが育む思想が脈々と息づいてきたのではないか。きっとそうだと見るべきであろう。

「同性愛は反アフリカ的だ」という声は、決してアフリカの声の全てではない。逆に、植民地を去り行かざるを得なくなった白人植民者たちが、自らの「影」として養成したアフリカ人エリートたちとその跡継ぎたちが、自己保身のために持ち出した自己合理化のための言い訳であることを、しっかり見抜いて心に留めておかなければならない。

3　異性愛とプレスクリプション

欧州の植民地政府と並んで、アフリカに反同性愛的心性を刷り込む推進力だったキリスト教会、ことに男女間の異性婚を神の奇蹟として教義化し、神聖視してきたカソリック教会が、盛んに吹き荒れるＬＧＢＴ擁護運動の嵐の中で責めたてられて懊悩していることは周知の通りである。

フランシス法王は、二〇一三年七月、従来のカソリック教会の価値観を堅持すると表明し、結婚とは男女両性の結合であって、それこそが家族の基盤だと述べていた。ところが、二〇一四年一〇月一三日、ローマ法王庁は同教会が同性愛を信者として認知すべきだとする内容を含む、世界代表司教会議の中間報告書を発表した。ただし、ＬＧＢＴの人々にとってのこの「大きな前進」に対して、カソリック教会保守派は、最悪の文書だとするコメントを出して鋭く対抗した。そして、同一九日に閉会した世界代表司教会議は、同性愛を容認して差別を排除するという条項を、最終的には否決してしまったのである。

　しかしながら、中間報告書をフランシスコ法王に代わって発表したエルド枢機卿が、一〇月一三日、同性愛者のカップルでもお互いの扶助がお互いにとって生活上のかけがえのない支えになっている場合があると述べたのは、意義深い出来事だったと言える。同性愛者が愛情の真正さにおいて異性愛者に劣ると見る偏見には、何処にも合理的な根拠が見出せないからである。

　その事実を強く訴える映画『チョコレートドーナツ』が、二〇一四年四月に日本でも公開されて話題になった。これは、母親に育児放棄されたダウン症の男児マルコが、アパートの隣室に住むゲイのカップル、ルディ（ショーダンサー）とポール（弁護士）と一緒に家族のように暮らすという筋書きの映画である。ニューヨークのブルックリンで一九七〇年代に実際にあった出来事を下敷きにしている。ところが、二人がゲイであることが知れると、マルコは二人から無理矢理に引き離されてしまうのだった。

　ルディがマルコに無条件で愛情を注いだのは、世間の無理解と偏見のゆえに自分自身が誰よりも酷く孤独に苦しんできた経験から、（表面上は屈託なく明るい）マルコの内面の寄る辺なさを思いやって、ただ単純に、しかし誰よりも深く共感し得たからであった。これは、家族愛を描いた映画ではない。一人の人と人との間の、一切の隔たりのない心の交流の物語である。それだけに、世間の偏見の理不尽さを際立って強く印象付ける作品である。

4　人類学の文化相対主義の限界と課題

ＬＧＢＴを巡る最先端の難問に直面して煩悶しているのは、決してカソリック教会だけではない。率直に言えば、この複雑で奥深い厄介な問題は、一人の文化人類学徒である筆者をも必然的に捉えることになった。

カソリック教会が深刻に苦悩するのは、ＬＧＢＴを容認すれば、少なくとも、どうしても神の言葉を記した聖書の或る部分（創世記の一部）を否定しなければならず、その結果、信仰の根幹をなす教義にも変更を迫られることになるからであるのは、言を俟たない。すなわち、カソリック教という、欧州のみならず世界の他の大きな部分をも長く支配してその精神的な基盤を形作ってきた巨大な歴史的制度、それ自体がその根源にまで達する強烈な挑戦を受けているのである。

文化人類学は、個々の文化を一つの総体として捉えてその各々に固有の価値を認め、恣意的にバラバラな細部を取り上げた比較による優劣の論議を戒めてきた。この文化相対主義という立場は、別の角度から見ると、一切のプレスクリプション（つまり自分の意思と努力では変更できない先天的な要因）による差別を、それが譬え何であっても、徹底して排除するという姿勢に通じている。

しかしながら、その原則のゆえにこそ——カソリック教とは全く別の理由ではあれ——同性婚を結婚と考えるべきかどうか、その困難な判断に直面せざるを得ないことを自覚させられている。そしてその自覚は、果して文化人類学の大原則が本当に妥当なのかどうかという問を、個々の文化人類学徒が自ら問い詰めることを不可避的に要請してくる。

しかし、それは同時に、同性婚を合法的に結婚として認めよと主張することの妥当性を、ＬＧＢＴの人々自身が原理的に問い直す苦しい努力をすべしと要請することにもなる——文化人類学徒（としての筆者自身）の問と、まさしく鏡像関係をなす問として。

ここまで本章は、ＬＧＢＴの人々の諸権利は必ず守られるべきものであり、彼らに対するあらゆる偏見を排除するべきことを主張してきた。筆者のこの立場は、一般論として揺るぎない。ただし、今ここで要請されているのは、（ＬＧＢＴの人々に対する差別の一切に反対しながらも）「同性婚（を結婚として認めること）は人類の死だ」という、ケニアの穏健な庶民の知識人の言を想起し、その妥当性の如何を自分自身の問として引き受けて、徹底的に考え抜いてみることである。

5　同性愛と同性婚

ケニアの田舎に住む穏健な知識人である筆者の友人たちの多くは、率直且つ明快に、同性婚は子孫を残せないがゆえに結婚ではなく、それゆえに人類の死（衰滅）に直に繋がると言い切る。筆者は、ＬＧＢＴの人々はあくまでも少数者であって、将来人口の維持にすぐに深刻な影響が及ぶことはないだろうとコメントした。しかし、同性婚を社会的に一旦容認してそれを文化の一部として認めてしまえば、必ずや急速に一般化するに違いないと、即座に反論された。第一に引き合いに出されたのは、植民地化と共にキリスト教が導入され、学校教育の機会が仇となって若者の間で厳格な性道徳が見る見る内に保てなくなった事実だった。その結果、シングル・マザーが急速に一般化して増え続け、どの（父系）民族も結婚制度の維持に差し迫った危機（本書第六章参照）を感じているという苦い現実が、実際にあるのだ（本書第六章参照）。

ケニアの二〇一〇年新憲法は、娘にも息子と平等に遺産相続する権利を保障している。その影響も加わって、結婚しないで済まそうとする娘が益々増えるという予想が専らだ。つまり、こうしてまたシングル・マザーの数が増加し、結婚制度がなお一層強く脅かされることになると予想する人が、圧倒的に多い。畢竟、文化とは恣意的なものであって、どんなに強固に見える社会制度も、意外に簡単に変化し得るものなのだよ、とこの（まるで文化人類学者を出し抜いたような）認識が、彼ら自身の直近の経験に基づく洞察の核心をなすものであった。

確かに、「恋愛」と「結婚」を安易に同一視することには無理がある。恋愛は一時的な感情であり、結婚は恒久的な制度である。前近代の欧州では、恋愛とは既婚の男女が華やかな宮廷を舞台に繰り広げられる社交を通じて、伴侶ではない異性との間で実現させるべき理想の異性関係の謂いであった。また英国では、（近親婚を恐れられる）「キスだけのイトコ」同士の間に、実際には恋愛関係（性関係）が認められている。いや、親は密かに期待さえしてきた——一種の安全弁として。しかし、その代わりにイトコ同士の実際の結婚は、違法ではなくともタブーであって、厳しく忌避され、許されることはまずあり得なかったのだ。

前近代の日本では、愛情に恵まれたどんなに気のよく合った仲の夫婦であっても、「子無きは去る」とする鉄則があった。結婚は、愛情に基づく男女の結合であるよりは、何よりも先ず嗣子を得て「家」（経営体）を守るための制度であるのだから、優秀な婿養子を求めることこそが、むしろ理想とされていた。例えば、柳沢淇園の『ひとりね』が喝破した通り、男が恋愛の対象としたのは、妻となる女性ではなく、遊女であることの方が普通だったのである。

現代日本では、すっかり様変わりして、恋愛結婚が理想とされるようになってから既に久しい。しかし、その「恋愛結婚」の概念は、若者たちの無定形で奔放な恋愛感情を巧妙に制御して、社会を維持する基盤的な制度である結婚（と家族と）に恋愛感情を滑らかに連接させるべく工夫された、いわば若者たちに対する大人たちの「悪巧み」としての発明であったと言えるだろう。

つまり、「結婚」と「家族」は、例えばE・リーチが「諸権利の束」と呼んだように（Leach 1961）、仮に多様な変異があるにせよ、生殖（reproduction）を不可欠な前提条件として含む概念と見なければならない。他方、「同性愛」は感情であって、結婚を前提として成り立っている制度ではない。それゆえ、「同性愛」と「同性婚」とは、適切に区別して扱う必要があるだろう。

現在、各国の同性婚の法的な取り扱い方に著しい両極性が見られるのも、「同性愛」と「同性婚」の差異の如何をまだ原理的に詰めきっていない人類社会の認識の現状に原因があろう。[4] 先述のように、フランシス法王（バチカン市国）は、結婚は男女両性の結合によるものであり、それこそが家族の基盤だと宣言している。アフリカでは、同性婚を違法とする国がほとんどで、ウガンダ・ルワンダ（二〇〇三年）、コンゴ民主共和国・ブルンジ（二〇〇五年）、ケニア（二〇〇五年）が同性婚を違憲とした。これとは全く対照的に、南アフリカは合憲（二〇一〇年）としている。

他方、欧米には二〇〇一年のオランダ、二〇〇二年のイングランドとウェールズ、二〇〇三年のベルギーを皮切りに、仏、ルクセンブルク、（フィンランドを除く）北欧諸国が同性婚を合法化している。他方、ポーランド、セルビア、ウクライナは、憲法で結婚を男女間のものと定義付けている。[5]

6　アフリカの「女性婚」は同性愛か、同性婚か？

ところで、アフリカには「女性婚」（woman marriage, woman-to-woman marriage）という特異な結婚制度が――例えばケニアのカレンジン、グシイ、ルオ等の諸民族や、南スーダンのヌエル民族等の間に――存在していることが、人類学の研究の結果知られている。「夫」（息子がないまま、或いは息子を亡くした後に閉経した老女）もその「妻」（若い女性）も共に女性である女性婚では、当然ながら、伴侶間の生殖関係はあり得ない。しかし、実質的には「妻」が（「夫」が指定する「夫」の夫の氏族員である特定の男性か、或いは「妻」自らが自由に選んだ一人かそれ以上の男性との性交渉の結果）産む子供たちによって、「夫」が社会的（法的）な嗣子を得る制度なのである――詳しくは、本書第四章、第五章参照。その嗣子は、「妻」には息子、「夫」と彼女の夫にとっては孫息子という、（法的）な地位を公認される。つまり女性婚は、生殖という要素が中核をなす点で、最も一般的な婚姻の概念を大きくは逸脱しないのである。それどころか、父系氏族（の一分節）が社会形成の基礎である父系原理に厳密に則れば断絶することになる危機的な状況において、なお世代を超えて存続していくことを可能にする、父系氏族制度の緊急避難的で補完的な便法なのである。

今回、ナイジェリアとウガンダでの反同性愛法制定の動きの中で、ケニアのみならず、他のアフリカ諸国でも国会議員等が、ＬＧＢＴは反アフリカ的だと次々に発言した。すると、ＬＧＢＴを擁護する欧米の一部の団体等が、アフリカにおける女性婚の伝統を根拠として反論を試みたのであった。

この反論が女性婚の実際を熟知しない全くの誤解であることは、筆者が右に述べた事実を基に正確に論証されるべきである。しかし、アフリカ側の国会議員たちは、当事者である女性婚の「夫」（老女）と「妻」

（若い女性）とがレズビアン関係には全くないことのみを強調していて、残念ながら諸外国から十分な原理的理解を得られたとは言えない。

7　ヒトという若い種の暴走

反ＬＧＢＴ法を巡る言説の応酬に感じられる或る種の居心地の悪さは、欧米の掲げるヒューマニズムの普遍性を鼓吹する声の圧倒的な大きさの前に（特に日本では）立ち竦んで、多くの人々が言葉を飲み込んでしまっている風情が何処かに感じられることだ。言い換えれば、専ら政治的な声の大小で決着が付けられているのである。しかし、アフリカの人々は立ち竦まずに、率直に声を出していて、却って好もしい。伝統生活の崩壊さえ予測して、切実な想いを胸に抱いているからだ。その声の底に潜む思想を汲んで、人類史上の現在に位置付けるとすれば、それは、生を維持・拡大する生産（production）活動の前提として生殖（reproduction）が不可欠なのだという社会的な認識になる。

この観点からすれば、異性愛ではないという一点を共有するＬＧＢＴという大まかな括りは、あらゆるプレスクリプションに反対し、自己決定（の実存）に何にも勝る価値を見出す、ヒューマニズムの概念によって糊付けされているように思える。と言うのも、例えば、ＬＧとＢＴとの間には、またＬとＧの間にも、当事者たちの生殖行為への直接の関与・不関与という一線で、大きな差異があるからである。

無論、本章がこれまで強調してきたごとく、同性愛は人権の視点から異性愛と同じく尊重され、等しく擁護されなければならない。女性に結婚（異性婚）を強いたり、出産を強要することも決して許されない。しかしながら、人類の未来の運命という大きな文脈の中で、生殖のもつ固有でかけがえのない普遍的価値については、十分に配慮されなければならない。個としての徹底した自立を理想とするとしても、いやそれゆえにこそ、血縁をもたない他の多くの人々への多面的な依存が必然的に不可欠になるからである。この世に、全く孤絶・自存していて、他者に一切頼らずに生きていける者などあり得ないのだ――たとえ、金で一切が片づくという経済思想に骨絡み囚われている者であってさえも。

我々は身体をもった存在として、不可避的に生殖には優先的な価値を認める必要がある。もし混乱のゆえに、生殖の基本的な価値を確認して支援する制度を担保できなくなるとすれば、それは人口の永続的な収縮を、そして強いては人類の緩慢な自死を意味し得るだろう。To be or not to be?――この問が、(今度は悩める個人としてではなく、人類の代表としての)ハムレットの口から新たな意味を纏って蘇ってくるはずである。

ヒトはごく若く新しい種である。類人猿と分岐して猿人となってからでも、歴史は高々七〇〇万年余り。[6]農耕・牧畜を始めたのは僅か一万年余り前に過ぎず、文字をもったのはせいぜい数千年前のことだ。しかしその後、文字は直接的・対面的で且つ人格的な関係を超えた「脱脈絡的な」知識を累積し、思考における空間と時間の懸隔を克服する偉大な力を獲得した。そして、そのすぐ先に現在目にするような脳化と電脳化の爆発が待っていた。ヒトの種としての存亡は、実は、まだ、或いは今や全く不確かだと言わざるを得ないのである。

8 一切の差別の根源としての結婚と家族

ＬＧＢＴを擁護する側からの同性婚を合法化せよという要求が、もし結婚と同等の(法的な)諸権利を同性カップルにも認めよということであれば、十分に理解できる。

しかしながら、容易に理解が及ばないのは、ＬＧＢＴの人々が一体なぜ結婚という古くて、しかも強く拘束的な制度に組み込まれることを声高に求めるのかという問題である。そして、これと関連するまた別の疑問もある。それは、ＬＧＢＴの人々の望むことなら、仮にそれが何であっても（差別に苦しむ少数者の要求であるがゆえに）受け入れるのが多数者の義務だと単純に言い切れるのかどうかという、原則的な疑問である。性の自己決定が強く擁護されるのは、自己責任論を前提とするネオリベラリズムが推し進めるグローバリズムの思潮と不可分な現象であるはずだ。

「あなたの意見には反対だが、あなたがその意見を主張する権利は命懸けで守る」というボルテールの姿勢は、常に尊重されなければならない。しかし、それが「他者の権利の実現のために戦うことは、自らの権利のために戦うことだ」というＪ・スチュアート・ミルの言辞（『自由論』）と必ずしも等価でない事実に、しっかりと注意を払うべきなのだ。ミルのこの主張が真であると認めるには、先ずもって、他者が権利として主張する内容の正当性そのものが慎重に検討されたうえで承認されなければならないはずだ。

ここで重要なのは、「同性婚」を結婚として認めよというＬＧＢＴの人々の主張を妥当だと判断する場合、その根拠が何にあるのかを努めて明らかにすることである。

端的に言えば、ヒトが人間となるまさにその過程で、性と生殖を巡る一切の差別の芽も生み出されたのだ。その原理的な差別が生まれざるを得なかった根源的な原因とは、まさしく（次項で述べるように）結婚という制度それ自体の仕組みの本質に居座り続けるものなのである。この仕組みの十全な理解に至るまで差別の問題を徹底的に考究することなしに同性婚を結婚と認めよと叫ぶことは、図らずも自らの首をさらに締め上げる結果にもなり兼ねない重大な錯誤ではないだろうか。

レヴィ＝ストロースが理論的に明らかにしたとおり、ヒトはインセスト・タブーによって自然と文化を相互に分節する一本の線を引き、それによって人間になり得たのだ。このタブーは、血縁による群の男性が同じ群の女性を性的な対象としては諦めて外部へと送り出し、自らは群の外部から女性を迎え入れて伴侶とすることを例外なく求める、社会規範である。つまり、インセスト・タブーとは、（生命を再生産できる）自集団生まれの女性全員をその外部へ贈り出すという、根源的な（言い換えれば生命の）交換（の初発）の命令なのである。

群の内部の女性との性関係の禁止は、伴侶となる女性の欠乏（不在）を内部に生み出し、それによって生じる内部的な欠乏は、群の間の交換という制度を導き出して補わざるを得なくなった。こうして家族と家族が連鎖的に結びつけられて共同体ができる。そして、結婚と同時に発生した（女性の流れと同方向、または逆方向の流れをなす）財貨の交換が生み出す経済が共同体間の交換を駆動し、人類社会の急激で、且つ果てし無い拡大へと繋がっていくのである。

インセスト・タブーは、こうして、群の内と外とを同時に成立させて、ヒトの群を（他の動物の群のように単なる緩やかな集合ではなく）内外の明確な差を画する輪郭をもった家族に変えた。そして、男性は女性（や物財・サーヴィス）を家族間で交換する主体として公的存在になり、交換の客体である女性を家内的存在とするようになった。そして、それ以来諸民族は、自然による性差を独自の仕方で文化的に拡大し続けて、性差に基づく各々に固有の社会を形成してきたのである。

9　ヒトの進化——その大転換は可能か

今ここで仮に、あらゆるプレスクリプションに基づく差別を排除すべしという大原則を認め、それに基づいて、ＬＧＢＴの人々の同性婚を結婚として認めよという要求を受け容れるべきだと仮定してみよう。すると即座に、最も困難な問題に横着することになる。すなわち、インセスト・タブーという（人間存在成立の根幹に位置する）プレスクリプションに基づく区別（言い換えれば、「交換の命令」）も当然（最も深刻な）差別と見做されなければならず、したがってこの差別も排除されなければならない。そればかりか、性別、年齢別（大人／子供）の差別も、家系（血縁）の差別も同様に撤廃されるべきだという論理的な帰結に、必然的になるだろう。

しかし、その論理に従えば、今や人口が七〇億以上に膨れ上がってしまった人類社会を混乱に陥らせずに、またその結果としての滅亡に向かわせずに済むであろうか。済まないことは明白だ。

ただし、実現性の多寡の判断を今暫く措くとして、性、年齢、系統（血縁）も含む一切の差別の撤廃が望ましいかどうかと尋ねられれば、思い切って、そのとおりと答えざるを得まい。この原則に則って生きるとは、桃源郷に暮らすこととでも言える、最も穏やかで心安らかな生のあり方を保障することであると、間違いなく思う。

実は、このような性関係のあり方を自らの進化の方向として、数百万年前に既に選びとったヒトに極めて近縁の種がある。それは、西アフリカのコンゴ川大湾局部の南に棲んでいるボノボである。ボノボは、遺伝子の九八パーセント以上をヒトと共有する、ヒトに最も近い類人猿でありながら、ヒトとは全く正反対の方向へと進化する生き方を種として志向し、それを巧みに実現してこの今を生きている。まさしく、能う限り完璧な、平和主義的な、例外的な類人猿として。

しかし、この決断は「未開」の段階に自発的、且つ意志的に止まろうとすることなのであって、せいぜい数万単位の人口に止まる種のみで実現可能な選択でもある。七〇億もの巨大な人口で地球を隈なく覆い尽くしてしまったヒトには、この方向への転換を可能にする道はもうとっくの昔に鎖されていて、もう二度と後戻りすることが許されていない。ボノボの「社会」は、生殖としての機能を取り除いた性（「不毛の性」）による多形的なコミュニケーション（触れ合い）を通じて、社会的な差異の芽を絶えず即座に摘み取り、様々な個体間のありとあらゆる関係を可能な限り徹底的に平準化して、どこまでも融和的なシステムを構築する進化の戦略を採ったのだ。

これに対して、ヒトは、全く別の対極的な進化の方向とそれに見合った戦略を採用して、社会の複雑な構造化を図ったのである。ヒトが選んだのは、インセスト・タブーを基に、自然の性別（セックス）以上に社会・文化的な性差（ジェンダー）を強化し、その拡大された性の差異を前提に、交換システムとしての家を組織してその複合態としての共同体を発展させていく方向性だった。

ヒトが選んだ交換とは、具体的に言えば、性差、年齢差、系統差の複合的な差別を前提にして、さらにそれを社会・文化的に強化して組織化することに基づくシステムである。工業化・脱工業化が進んだ今日では、共同体を離れて個として自立的に生きていける余地は、次第に多方面へと拡大しつつある。しかしながら、同性婚を結婚として認め、いわばヒトの種としての進化の方向を大転換させられるような余地は、地理的にも階層的にも、まだ局所的にごく僅かにしか確保されていないと言わざるを得ない。それゆえにこそ、ＬＧＢＴに関する事柄についての判断は、十分に慎重を要するのである。

10　ＬＧＢＴと都市文化

共同体とは、物と物の交換の関係に基づいて人間関係が形作られる空間である。そしてその空間を占める小さな宇宙（身体／家／村）とその外部の未知と神秘に満たされた大宇宙との関係が、暮らしのもう一つの次元をなしてきた。身に付けるお守り、神棚・仏壇や御札、村の祭礼等が、その次元での（両宇宙の）関係を調整する文化装置である。

阿部謹也によれば、欧州では十一～十二世紀に都市が各所に生まれ、小宇宙の外部から訪れる人々とも日々交流する暮らしが始まる。都市での暮らしは、その中央に位置するキリスト教会が律し、教会はキリスト教の教義によって大小二つの宇宙を神が創った唯一つの宇宙に統合し、その中心に（神と）人間をおいた。そして、十四～十六世紀のルネサンスはこの動きを決定的にして、それ以来、人間中心主義が欧州の思想の一貫したバックボーンとなってきたのだった。

どこまでも個人としての人間の意思を核として世界を再構築していこうとする動きは、プロテスタンティズムによる（逆説的な形での）資本主義の勃興を経て、ついに現今のリバタリアニズム（自由至上主義）の全面的な開花と展開を導いた（或いは、導いて了った）と言えよう。

この経緯からもわかるように、ＬＧＢＴの一般化は、極めて都市的な現象である。都市では共同体的な規制からどこまでも自由になれるという感覚が益々拡大し続けている。アムステルダムやコペンハーゲンを初め、性的な差異に対して全面的に寛容な施策を積極的に押し進めることで、沢山の人々を国外から引き寄せ、繁栄を謳歌しようとしている都市が欧州には少なくない。

おわりに

問題は、ではその先進的な都市住民が人類共同体からどこまで解放され、どこまで自由になれるのか、であろう。その限りない自由が、人類共同体の全体に対して、今この時点で一体どのような複雑な影響を与えることになるのだろうか。それを度外視して顧慮しないという自由までも、その自由は含み込んでいるのだろうか。地球全体で、また地球のあらゆる土地で、経済的な差異があらゆる二極化を日々昂進させ続けている。この勢いがこのまま性急に進んで行けば、個々の小社会も、また人類の全体社会ももはや社会として機能しなくなるのではあるまいか。

政治（パワー）によって解決できることと、できないこととがある。ＬＧＢＴをどこまでも擁護しようとする人々は、あらゆるプレスクリプティブな差別に対して強力に異を唱え続けている。確かに、タブーは極力排除されるべきだ。だが、それゆえにこそ、同性婚を結婚と認めることの持ち得る意味を、人類史的な時間のスケールで、しかも原理的に議論することを断じてタブー視しない、冷静な目を担保しておくべきである。

《注》

（1）ごく最近では、インターセクシャルを加えてＬＧＢＴＩという表現も見られるようになった。本書では、慣用的なＬＧ

BTという用語を便宜的に採用している。

（2）多くの地域の住民が文字伝統をもたなかったアフリカの人々が、植民地化によって政府や宗教や法という対面的で人格的な個別状況を脱脈絡化すると共に、自らの論理を合理化する識字組織を理解するには、極めて多大な困難が伴ったはずだ。ここでも、それについての包括的な認識が問われるべきだが、今は論じる余裕がない。

（3）これは、incest の概念が①近親姦と、②近親婚の二つの概念を併せ持っていて、人類学の incest taboo を巡る議論の輪郭が必ずしも明確になっていない事情を思い出させよう。

（4）実は、日本国憲法もまたこのタイプに分類されることに気付くべきである。

（5）丁度ライオンとトラとが種として分岐した頃と言えば類推が利き、その近さを想像し易いだろうか。

（6）世界中のあらゆる社会や集団に、その一線の具体的な引き方は仮に多様であっても、インセスト・タブー（近親婚の禁忌）が共通して見られる。一つの鮮やかな例外は、古代エジプトで、例えばクレオパトラが実弟と結婚していたことは広く知られている。しかし、これは王侯のインセストという特殊なものであり、その他の人々とは対照をなす内閉的な血縁集団を形成して差異化を図ることに目的がある。例えば、ハワイや日本でも、或る程度同様の傾向が見られた。

《参考文献》

Leach, E. R.（1961）*Rethinking Anthropology*, London: The Athlone Press.

Lévi-Strauss, Claude（1960）"The Family", H. L. Spairo（ed.）, *Man, Culture and Society*, New York: Oxford University Press, pp. 261-285.

Moyo, Dambisa（2012）*How the West was lost*, London: Penguine Books.

阿部謹也（一九八一）『中世の窓から』朝日新聞社。

エヴァンズ＝プリチャード、E・E．（一九八五）『ヌアー族の親族と結婚』（向井元子訳）岩波書店。

小馬　徹（二〇〇〇）『贈り物と交換の文化人類学』御茶の水書房。

小馬　徹（二〇〇七）「タプタニがやって来る――女性同士の結婚の『夫』というやもめ」椎野若菜（編）『やもめぐらし――寡婦

の文化人類学』明石書店、九四―一二一頁。

小馬　徹（二〇一四）「ケニア新憲法とキプシギスのシングルマザーの現在」椎名若菜（編）『境界を生きるシングルたち』人文書院、二五三―二七四頁。

小馬　徹（二〇一八）「キプシギス人の『ナショナリズム発見』――ケニア新憲法と自生的ステート＝ナショナリズムの創造」永野善子（編）『帝国とナショナリズムの言説空間――国際比較と相互連携』御茶の水書房、二〇四―二三五頁（印刷中）。

サイード、エドワード・W．（一九八八）『オリエンタリズム』（今沢紀子訳）平凡社。

レヴィ＝ストロース、C．（二〇〇〇）『親族の基本構造』（福井和美訳）青弓社。

和田正平（一九八八）『性と結婚の民族学』同朋舎。

《あとがき》

折に触れてそれぞれ独立に書いた物ではあっても、相互によく響き合う7本の論文を一書に編んだ本書は、いわばサンドイッチのような形をしていそうだ。

第一章と最後の第七章に挟み込まれた、具材に当たる真ん中の部分は、長年参与観察調査を続けている、キプシギス民族の女性たちの生と性の諸々の側面を取り扱っている。具体的には「強姦」から見えてくる性の観念と慣行、ならびにその歴史的な遷移の容態、男性の社会的な責任感や倫理性に対比される「女性の知恵」、複合家族における「妻の家」の社会経済的な諸側面、「女性婚」と社会開発の関わり合い、シングル・マザー問題に絡む民主的な新憲法下での男女平等実現への足取り等を、それらに付随する種々のトピックを折り込みながら、自ら参与観察で蓄積してきた数多くの具体例を基にして仔細に論じた。

そして、両端の食パンに当たる第一章と第七章は、具材に当たる5本の論文を深く読み解いて理解するための大きな枠組みを開示する役割を与えられている。ただし、第一章が高度に理論的・抽象的であるのとは対照的に、第七章の前半部は、一見優れて時事的なテーマを扱う。それでも同章後半部は、前半部を受けて、「性と結婚と人類の未来」についての理論的な分析を展開していて、第一章と呼応する。

かくして、本書の七つの章は、ぴったりと寄り添い、互いに包み、包まれ合って、上述のごとく、まず纏まりの良いサンドイッチのような恰好になった。

本書をこうした形で編んだのには、それなりの訳がある。それは、キプシギスの女性たちの暮らしの今日的な全体像を、日頃の暮らしや生活感覚や手触りを能う限り希釈せずにそのまま総体として伝え、且つその深い理解を得たいと、常日頃願ってきたからである。

アフリカ大陸の何処かの土地の人々の日常の暮らしは、仮に何気ない一つの断片であってさえも、その質感をまざまざとした実感をもって伝えるのは、とても困難である。それを的確に切り取って伝え、そうだと思わず合点を打たせてくれるような日本の新聞・雑誌の記事は、まずほとんどないと思う。それらの記事が逆に私自身の実感から何処か本質的な意味でずれていて遠く、かれこれの違和感と、何とももどかしい思いに囚われることの方が実は多い。

けれども、それらの記事の書き手の多くは、専門のアフリカ研究者ではない。彼らが現地に滞在できる時間も、ごく限られているはずだ。だから、記事が断片的で一面的になるのも致し方のない面があると思う。この点では、同情もする。

ただ、率直に白状すれば、専門のアフリカ研究者やアフリカに関する事業の実務者の著作を読んでいても、同様の思いに苦しめられることがままある。この場合、事は簡単には済まない。アフリカ研究者である以上、私は、その違和感のよって来る原因を質し、きちんと突き止めて、その書き手に訂正を求める義務（ないしは社会的な責任）を否応なく感じてしまうからだ。学究としてはそれが健全な姿勢なのだが、実践は決して容易ではない。実際のところ、（倫理的にという以上に）技術的に極めて難しい課題だと思う。

*

その勘どころは、自らの確かな実感をどう言語化できるかという一点に尽きる。しかしながら、それを成功裏になし遂げるには、私がアフリカの人々と一緒に呼吸してきた空気のようなもの、言い換えれば、彼らには余りに当たり前すぎて平素は意識の俎上に現れて来ないような大前提を、人々の何気ない日常生活の実情を通して日本の読者にも自然に分かって貰えるようしなければならない。すると、そのためには人々の暮らしぶりの委細を忠実に叙述した万巻の書を草するしかあるまいという思いが即座に脳裏を過り、途端に徒労感を覚え、何時も心が萎えてしまうのである。

*

一九九二年に『心にしみるケニア』という新書が刊行され、全国紙の書評欄でも好意的に取り上げられた。出版社や書評等による同書の紹介は、ほぼ次のようなものだった。二十歳代の日本人女性である著者は、国連環境計画（ＵＮＥＰ）本部で働くためにナイロビに赴任し、ケニアに行きたいという幼い頃からの夢を実現する。だが、先進国の都会と変わらないナイロビでの暮らしに疑問をもった著者は、田舎の町や農村に赴き、そこで出会った若者たちが織りなす人間模様と、自らの内面に生じた異文化との葛藤を瑞々しいタッチで描いている。

当時、私がキプシギスのフィールドワークを始めてから既に十余年が経っていた。早速買って読み始めたが、数ページも辛抱が利かず、放り出した。そのキラキラ揺れ動く叙述の内容が、私がそれなりに知悉し、理解していると感じていた愛すべきケニアの姿と、ほとんどどこも重ならなかったからである。

直近の日本アフリカ学会の学術大会の懇親会場で、思い懸けない光景に出くわすことになった。毎年夏にナイロビで出会って刺激を受け、敬愛していた（ケニアとタンザニアが専門領域の）経済学者Iさん（京都大学教員）が、「あんな本が出てしまったぞ。放っておいていいのか」と、怒気を含んで誰彼となく詰問して回っているのだ。にこやかな表情と振る舞いの端正な紳士として知られ、現地調査で得た資料を縦横に駆使する重厚、且つ犀利な実証研究を高く評価されているIさんのその思いがけない姿がとても印象的で、今でも忘れがたい。

しかしながら、そのIさんがその後『心にしみるケニア』を批判した文章を目にしたことはない。批判はできる。いや、しなければならない。でも、単なる批判を超えて、掛け値なしで、アフリカの或る人々の日常生活をその肌触りのままに伝えるという実践が極めて困難な事実を、Iさんも噛みしめていたのではないか。しかも、Iさんは経済学者なのだ。人々との日常の付き合いの委細を直に記録することを日課とする人類学者とは、事情が異なる。彼の悩ましく、息どおろしい思いは、まさに人類学者が引き受けてしかるべきなのだと思う。そして、何とかやってみるしかない。

＊

『心にしみるケニア』の著者は、次のように述べている。二年二ヵ月のケニア滞在中に「じつに様々なアフリカ人を知ることができた。幸運な私は、絶えず彼らの黒い肌を身近に感じ、彼らの情熱の吐息にふれ、彼らの嘆きにとまどいながら、話し、笑い、泣き、時に腹を立てて暮らすことができた」。そして、こう言う。「私をケニアの虜にしたのは、この国の社会そのものだ。言ってみれば、社会の度量の広さというようなものだ」。「その社会の推進力を支配しているもの、それが『いい加減』であるがゆえの強さのメカニズムなのだ」、と。

率直に、そして端的に言えば、文化人類学徒が各々のフィールドで暫く立ち止まって先ず第一に自らに問い掛けることになる、「理解するとは何か？」という根源的な問が、すっぽりと抜け落ちているのである。

＊

さて、私の手作りの小さな人類学的なケニア風サンドイッチを、今あなたの「知のテーブル」にお届けします。見てくれも口当たりも武骨で、さして良くないことでしょう。でもね、そこにアフリカの本場の風味があるのです。

前著『「統治者なき社会」と統治――キプシギス民族の近代と前近代を中心に』（二〇一七年）に続いて本書『「女性婚」を生きる――キプシギスの「女の知恵」考』刊行の機会を与えて頂いた神奈川大学出版会に、心からの感謝を捧げたい。この二書を相次いで世に問えたことが予想以上の相乗効果を生んで、長年のフィールドワークの成果が漸く立体的に全体的な相貌を示し始めていることを実感している。

前著に続いて編集に携わって下さった丸善プラネットの小西孝幸さんの存在が心強かった。記して、謝意を表します。

二〇一八年元旦

小馬　徹

《初出一覧》

第一章　『近親性交とそのタブー』（川田順造　編著、藤原書店、二〇〇一年）所収「性と「人間」という論理の彼岸」（一六九―一九七頁）

第二章　『文化人類学　4』（アカデミア出版会、一九八七年）所収「強姦をめぐる男女関係の種々相――ケニアのキプシギスの事例から」（一七〇―二〇四頁）

第三章　『アフリカの女性の民族誌――伝統と近代のはざまで』（和田正平　編著、明石書店、一九九六年）所収「父系の逆説と「女の知恵」としての私的領域――キプシギスの「家財産制」と近代化」（二八一―三三二頁）

第四章　『やもめぐらし――寡婦の文化人類学』（椎野若菜　編著、明石書店、二〇〇七年）所収「タプタニがやって来る――女性同士の結婚の「夫」としてのやもめ」（九四―一一九頁）

第五章　『開発の文化人類学』（青柳まちこ編著、古今書院、二〇〇〇年）所収「キプシギスの女性自助組合運動と女性婚――文化人類学はいかに開発研究に資することができるのか」（一六一―一八二頁）

第六章　『境界を生きるシングルたち〈シングルの人類学1〉』（椎野若菜　編著、人文書院、二〇一四年）
所収「ケニア新憲法とキプシギスのシングルマザーの現在」（二五三—二七四頁）

第七章　『神奈川大学評論　第79号』（二〇一四年）所収「アフリカとＬＧＢＴの権利——ヒトを人間にした婚姻制度の行方」（一一七—一三七頁）

《著者紹介》

小馬　徹（こんま　とおる）

一九四八年、富山県高岡市生まれ。一橋大学大学院社会学研究科博士課程修了。大分大学助教授、神奈川大学外国語学部教授を経て、現在神奈川大学人間科学部教授。文化人類学・社会人類学専攻。一九七九年以来、ケニアでキプシギス人を中心とするカレンジン群の長期参与観察調査を三八度実施、現在も継続中。

文化人類学・社会人類学の比較的最近の著作に、『秘密社会と国家』勁草書房一九九五、『人類学がわかる。』岩波書店（共著）一九九五、『異文化との出会い』勁草書房（共著）一九九五、『ユーミンとマクベス――日照り雨＝狐の嫁入りの文化人類学』世織書房一九九六、『コミュニケーションとしての身体』大修館書店（共著）一九九六、『アフリカ女性の民族誌』明石書店（共著）一九九六、『紛争と運動』岩波書店（共著）一九九七、『国家とエスニシティ』勁草書房（共著）一九九七、『今なぜ「開発と文化」なのか』岩波書店（共著）一九九七、*Conflict, Age & Power*, Oxford: James Currey, Nairobi: E.A.E.P., Kampala: Fountain Publishers, Athens: Ohio University Press（共著）一九九八、『笑いのコスモロジー』勁草書房（共著）一九九九、『開発の文化人類学』古今書院（共著）二〇〇〇、『贈り物と交換の文化人類学――人間はどこから来てどこへ行くのか』御茶の水書房二〇〇〇、『近親性交とそのタブー』藤原書店（共著）二〇〇一、『カネと人生』雄山閣（編著）二〇〇二、『文化人類学』放送大学教育振興会（共著）

二〇〇四、『新しい文化のかたち』御茶の水書房（共著）二〇〇五、『放屁という覚醒』世織書房（筆名O・陵呂で）二〇〇七、『やもめぐらし――寡婦の文化人類学』明石書店（共著）二〇〇七、『世界の中のアフリカへ行こう』岩波書店（共著）二〇〇九、『解読レヴィ＝ストロース』青弓社（共著）二〇一一、『グローバル化の中の日本文化』御茶の水書房（共著）二〇一二、『植民地近代化の国際比較』御茶の水書房（共著）二〇一三、『境界を生きるシングルたち』人文書院（共著）二〇一四、『文化を折り返す――普段着でする人類学』青娥書房二〇一六、『フィールドワーク事始め――出会い、発見し、考える経験への誘い』御茶の水書房二〇一六、『「統治者なき社会」と統治――キプシギス民族の近代と前近代を中心に』神奈川大学出版会二〇一七、『帝国とナショナリズムの言説空間――国際比較と相互連携』御茶の水書房（共著）二〇一八、『ストリート人類学』響風社（共著）二〇一八など多数。

この他に、『川の記憶』〔田主丸町誌第1巻〕（共著、第51回毎日出版文化賞・第56回西日本文化賞受賞）一九九六、『家族のオートノミー』早稲田大学出版部（共編）一九九八、『河童』〔怪異の民俗学3〕河出書房新社（共著）二〇〇〇、『系図が語る世界史』青木書店（共著）二〇〇二、『宗教と権威』岩波書店（共著）二〇〇二、『生と死の現在』ナカニシヤ出版（共著）二〇〇二、『ポストコロニアルと非西欧世界』御茶の水書房（共著）二〇〇二、『日向写真帖　家族の数だけ歴史がある』〔日向市史別編〕（共著、第13回宮崎日々出版文化賞受賞）二〇〇二、『日向　光満ちるくにの生活誌』〔日向市史民俗編〕（共著）二〇〇五、『鬼の相撲と河童の相撲――大蔵永季の相撲と力を歴史人類学で読み解く』日田市豆田地区振興協議会・日田市城町まちづくり実行委員会二〇〇八、『海と非農業民』岩波書店（共著）二〇〇九、『ライオンの咆哮の轟く夜の炉辺で』青娥書房（訳書）二〇一〇、『河童とは何か』岩田書院（共著）

二〇一四、『富山の祭り―町、人、季節輝く』桂書房（共著）二〇一八を初め、日本の民俗や地方史など、人類学以外の諸領域の著述も多数。

索　引

【さ】

【た】

【な】

【は】

【ま】

【や】

【ら】

【わ】

「女性婚」を生きる
——キプシギスの「女の知恵」を考える

2018年2月28日初版発行

著作者　小馬　徹

発行所　神奈川大学出版会
〒221-8686
神奈川県横浜市神奈川区六角橋3-27-1
電話（045）481-5661

発売所　丸善出版株式会社
〒101-0051
東京都千代田区神田神保町2-17
電話（03）3512-3256
http://pub.maruzen.co.jp/

編集・制作協力　丸善雄松堂株式会社

組版／月明組版
印刷・製本／大日本印刷株式会社
ISBN978-4-906279-15-9 C3039